Horst Afflerbach
Ralf Kaemper
Volker Kessler

LUST AUF GUTES LEBEN

15 Tugenden neu entdeckt

BRUNNEN
Verlag Giessen · Basel

Wenn nicht anders vermerkt, werden die Bibelstellen nach der Revidierten Elberfelder Bibel © 1985/1991/2006 SCM R. Brockhaus im SCM-Verlag GmbH & Co. KG, Witten, wiedergegeben.

Sonst:
Lutherbibel, revidierter Text 1984, durchgesehene Auflage in neuer Rechtschreibung, © 1999 Deutsche Bibelgesellschaft, Stuttgart (LUT).

Einheitsübersetzung der Heiligen Schrift, © Katholisches Bibelwerk 1980 (EÜ).

Schlachter 2000, © Genfer Bibelgesellschaft/CLV (Bielefeld) 2003 (SLT).

Die Edition AcF wird herausgegeben von der Akademie für christliche Führungskräfte, Furtwänglerstr. 10, 51643 Gummersbach. Das vorliegende Buch erscheint in Kooperation mit dem Forum Wiedenest.

www.acf.de   www.wiedenest.de

© 2014 Brunnen Verlag
www.brunnen-verlag.de
Umschlaggestaltung: Ralf Simon
Satz: DTP Brunnen
Herstellung: CPI – Ebner & Spiegel, Ulm
ISBN 978-3-7655-2028-0

Christliche Werte und Tugenden sind Leitplanken für ein gelingendes Leben. Sie zeigen vor allem Gestaltungsräume für ein verantwortliches Miteinander in unserer Gesellschaft und nicht nur Begrenzungen auf. Der ärgste Feind von Werten und Tugenden ist die Versuchung. Sie begegnet uns unter anderem in der Steuerhinterziehung ebenso wie in Gestalt von Unaufrichtigkeit und Treuebruch.

Christliche Werte und Tugenden sind eine Brücke aus dem Raum der Unsicherheit in den Raum der Verbindlichkeit. Denn Verbindlichkeit ist die Voraussetzung für das Leben in Familie, Wirtschaft und Politik, aber auch für das Miteinander in christlichen Gemeinschaften.

Dieses Buch ist ein Wertekompass, um die richtige Haltung und Einstellung zu finden, damit das Leben gelingen kann.

Pfarrer Hartmut Hühnerbein,
Vorstandsvorsitzender Stiftung
Christliche Wertebildung

Wir möchten uns als Autoren in der Tugend der Freigiebigkeit einüben und stellen deshalb das Autorenhonorar einem Schulprojekt in Tansania zur Verfügung, das uns beeindruckt. Die von Helga Armbruster gegründete Grundschule *Mkwaju* in Mbesa, Südtansania, prägt Menschen für ihr Leben. In der siebenjährigen Schulzeit werden ihnen christliche Werte und Arbeitstugenden vorgelebt und gelehrt. Die Auswahl der Lehrer unterliegt strengen Kriterien, denn die Qualität jeder Schule steht und fällt mit den Lehrern.

Mehr Informationen zur Schule unter
http://www.mbesahospital.com/about-us/community-projects/

Inhalt

	Einleitung	7
1.	(Praktische) Klugheit	20
2.	Gerechtigkeit	25
3.	Tapferkeit	32
4.	Besonnenheit	39
5.	Demut	44
6.	Nächsten- und Feindesliebe	50
7.	Vergebungsbereitschaft	57
8.	Treue	63
9.	Höflichkeit	70
10.	Gastfreundschaft	77
11.	Freigiebigkeit	86
12.	Genügsamkeit	94
13.	Dankbarkeit	103
14.	Einfachheit (Komplexitätsreduktion)	109
15.	Hoffnung	116
	Solch ein Mensch möchte ich werden	124
	Theologisches Postscript	128

Einleitung

Wer an gutes Leben denkt – und wer tut das nicht? –, denkt oft unwillkürlich an ein finanziell auskömmliches Leben, an schöne Urlaube, an Bildungsreisen, gute Freundschaften, an erlesene Gastronomie, an Besuch bei den Kindern. Die Assoziationen sind je nach Bildungsstand und finanziellem Freiraum recht unterschiedlich. Was alle eint, ist die Sehnsucht nach etwas wirklich Gutem. Aber was ist wirklich gut? Und wie erreicht man es im Leben? Oft handelt es sich nur um Wünsche, um Tagträume und alltagsferne Szenarien. Sie werden nicht zuletzt geweckt durch Hochglanz-Magazine, die uns den Traum vom guten Leben in wunderschönen Bildern, vom natürlichen Landleben oder den schönen Künsten, von atemraubender Architektur oder edlen Chronometern, von rassigen Autos oder der Haute Couture plastisch vor Augen führen. Es sind die Codes des schönen Lebens.

Lust auf gutes Leben ist mehr als die Lust, schöne Dinge besitzen oder gute Erfahrungen machen zu wollen. Das gute Leben kann man tatsächlich finden und leben. Nur wo und wie? Das ist die Frage.

Wir sind überzeugt, dass zum guten Leben auch die Tugenden gehören, jene seit alters her zwar bekannten, aber leider viel zu selten gelebten Eigenschaften und Charakterzüge, die ein Leben erst lebenswert und gut machen. Menschen, die mutig und besonnen, gerecht und demütig leben, generieren ein Klima, das die Welt besser macht. Wer gastfrei ist und anderen Menschen gegenüber freigiebig, der trägt zum Guten bei und macht Menschen Hoffnung. Wer das alles ohne moralischen Druck praktiziert, frei und gerne, der scheint ein glücklicher Mensch zu sein.

Was sind Tugenden, wie kann man sie lernen, und was unterscheidet sie von Werten und Moral? Das können Sie in diesem Buch lesen und dann – hoffentlich – Lust auf ein gutes Leben bekommen.

Wenn Sie dieses Buch lesen

- erhalten Sie einen Überblick über die wichtigsten Tugenden.
- lernen Sie für Ihr Leben relevante Tugenden mit besonderer Berücksichtigung der biblischen Perspektive kennen.
- verspüren Sie Lust, gewisse Tugenden zu trainieren und konkret anzuwenden.

Wozu sich mit Tugenden beschäftigen?

Nicolas Hayek, der bekannte Gründer der Swatch-Group und Erfinder des Smart, ein Unternehmer alten Stils, kritisiert seine jüngeren Kollegen mit starken Worten: „Die Manager dienen der falschen Religion. Sie investieren weniger in Innovationen und die Zukunft eines Unternehmens, weil sie hohe Gewinne zeigen und Dividenden ausschütten müssen. Aber, verdammt noch mal, wo sind die Tugenden von Männern wie Krupp, Siemens oder Ford, die Unternehmen gegründet haben?" (in Wegner :12). Bereits dies Zitat zeigt, dass es bei Tugenden nicht nur um gute Techniken der Lebensbewältigung oder kluge unternehmerische Entscheidungen geht, sondern um mehr. Es geht um Charaktereigenschaften, die sich auch in schwierigen Situationen als gut erweisen und zu einem angemessenen Handeln führen.

Aus drei Gründen tut es gut, sich mit christlichen Tugenden zu beschäftigen und diese zu trainieren:

1. Über das Schlechte hat man ein genaues Bild, über das Gute nicht (mehr): Der britische Autor Gilbert Keith Chesterton wies schon 1905

Einleitung

auf ein seltsames Phänomen hin: In der Öffentlichkeit, in Büchern und in den Medien weiß man genau, wie das Übel aussieht. Aber man weiß nicht mehr, wie das Gute aussieht: „Ein modernes Moralbewußtsein kann … mit uneingeschränkter Überzeugung bloß auf das Schreckliche hinweisen, das aus Gesetzesübertretungen folgt; seine einzige Gewißheit ist die Gewißheit des Übels. Es kann nur Unvollkommenheit an die Wand malen. Vollkommenes hat es nicht zu bieten" (Chesterton :23). Dieses Problem kennen wir auch aus dem Alltag: Alle Mitglieder einer Organisation (Firma, Kirchengemeinde, Verein …) wissen genau, wann ein Vorstand falsch leitet. Aber man hat nur eine unklare Vorstellung davon, wie denn ein Vorstand gut leiten soll. Die Bibel hingegen fordert uns in Philipper 4,8 dazu auf, über jegliche Tugend nachzudenken und ihr damit einen Wert zu geben. Dieser Aufforderung folgen wir, indem wir fünfzehn Tugenden genauer betrachten.

2. *Der Charme der Tugendethik:* Mit Ethik verbinden wir im deutschsprachigen Raum häufig eine sogenannte Pflichtenethik, die besonders von dem deutschen Philosophen Immanuel Kant vertreten wurde. Danach tut man das Gute, weil die Pflicht es fordert, obwohl man manchmal lieber etwas anderes täte. Die auf Aristoteles zurückgehende Tugendethik betont stärker die Charakterentwicklung: Durch regelmäßiges Training (vergleichbar mit einem Sporttraining) entwickelt und pflegt man Tugenden, sodass man das Gute gerne tut, d. h., der Freigiebige gibt nicht 10%, weil er geben muss, sondern weil er es gerne tut. „Tugendhaft zu handeln heißt nicht, wie Kant später annehmen sollte, gegen die Neigung zu handeln; es bedeutet aus einer Neigung heraus zu handeln, die durch Pflege der Tugenden entsteht" (MacIntyre :201). Bei Kant ist „Streben nach Glück" und „Moral" stärker getrennt. Für Aristoteles gehört beides zusammen: Nur der Tugendhafte erreicht die Glückseligkeit. Dadurch bekommt die Ethik etwas Attraktives, Befreiendes. Deswegen ist der Titel unseres Buches bewusst doppeldeutig: Mit „gutem Leben" meinen wir

sowohl das moralisch gute Leben wie auch ein gutes Leben im Sinne von gelingendem Leben. Jeder hat Lust auf ein gutes Leben im Sinne eines gelingenden, erfolgreichen Lebens. Moral verbinden wir normalerweise nicht mit Lust; manche meinen, Lust und Moral würden sich gegenseitig ausschließen, sodass man sich nur für eins von beiden und damit gegen das andere entscheiden kann: Entweder ich habe Lust oder ich bin moralisch. Die Tugendlehre verbindet Lust und Moral: „Der Tugendhafte zeichnet sich dadurch aus, dass er Freude an der Ausübung seiner Tugenden empfindet" (Halbig :359).

Allerdings müssen wir gegenüber Aristoteles aus neutestamentlicher Sicht einschränken: Der Mensch ohne den Geist Gottes kann sich noch so sehr anstrengen; seine sündige Natur hindert ihn, die Tugenden vollends zu leben. Jedoch sieht das Neue Testament den von der Macht der Sünde befreiten Menschen anders: Er soll Fleiß aufwenden, die Tugenden zu entwickeln (2Petr 1,5).

3. *Die Sprache des Himmels lernen*: Der britische Neutestamentler N. T. Wright veröffentlichte 2010 ein Buch über Charakterentwicklung. Er zeigt auf, wie das Neue Testament einerseits die klassische Tugendlehre übernimmt, aber in der Zielsetzung über diese hinausgeht, weil es von Dingen weiß, von denen Aristoteles & Co. noch nichts wussten. „Aristoteles' Vision vom tugendhaften Menschen war tendenziell immer die des ‚Helden', des moralischen Giganten, der durch die Welt schreitet, großartige Taten vollbringt und den Applaus kassiert. Die christliche Vision vom tugendhaften Menschen stellt typischerweise jemanden in den Vordergrund, dessen liebender großzügiger Charakter normalerweise keine Aufmerksamkeit auf sich ziehen würde. Die Herrlichkeit der Tugend besteht im christlichen Sinne darin, dass das Selbst nicht im Mittelpunkt des Bildes steht.

> So wie man sich auf einen Auslandsaufenthalt durch das Erlernen einer Fremdsprache vorbereitet, lernt man durch das Training der Tugenden jetzt schon die Sprache des Himmels.

Im Mittelpunkt stehen Gott und Gottes Königreich" (Wright :69-70). Wer im Hier und Jetzt christliche Tugenden pflegt, bereitet sich damit

Einleitung

auch auf das Leben in diesem Königreich vor. So wie man sich auf einen Auslandsaufenthalt durch das Erlernen einer Fremdsprache vorbereitet, lernt man durch das Training der Tugenden jetzt schon die Sprache des Himmels.

Was sind überhaupt Tugenden?

Man kann heute wieder eine starke Hinwendung zu Tugenden beobachten. Die Bücher und Aufsätze zum Thema sind fast unüberschaubar. Es wird über Tugenden aller Art geschrieben, über „Deutsche Tugenden", über „111 Tugenden und 111 Laster", über „die 7 Tugenden", über das „heilige Buch vom Weg und von der Tugend", über „Tugenden im Jahreslauf" usw. usf. Sogar ein „Tugendprojekt"[1] gibt es, das Tugenden in der Erziehung und Pädagogik für Heranwachsende als Charakterbildung und Schlüsselkompetenzen in den Blick nimmt. Bei so viel Tugend wundert es kaum, dass der streitbare Thilo Sarrazin (2014) nun auch ein Buch über den neuen Tugendterror schreibt.

Ganz allgemein kann man bei Wikipedia im entsprechenden Eintrag über Tugend lesen:

> Allgemein versteht man unter Tugend eine hervorragende Eigenschaft oder vorbildliche Haltung. Im weitesten Sinn kann jede Fähigkeit, eine als wertvoll betrachtete Leistung zu vollbringen, als Tugend bezeichnet werden. In der Ethik bezeichnet der Begriff eine als wichtig und erstrebenswert geltende Charaktereigenschaft, die eine Person befähigt, das sittlich Gute zu verwirklichen (Wikipedia 2012).

So weit sind sich vermutlich alle einig. Aber was das sittlich Gute ist, das kann – je nach ethischer Überzeugung oder kultureller Prägung – recht unterschiedlich verstanden werden. So kann man z. B.

Lust auf gutes Leben

Primär- von *Sekundär*tugenden unterscheiden. Man kann *bürgerliche* Tugenden wie Ordentlichkeit, Pünktlichkeit und Reinlichkeit meinen oder *preußische* Tugenden wie Pflicht, Aufrichtigkeit, Disziplin und Gehorsam. Dass einige dieser Tugenden zu unmenschlicher Härte oder gar zu Verbrechen führen konnten, das machen Zeugnisse ehemaliger Wehrmachtsangehöriger deutlich: „Ich habe doch nur meine Pflicht getan."
Der Gipfel der Perversion von Tugenden zeigt sich in der Aufschrift am Eingang des Konzentrationslagers Neuengamme. Hier mussten Häftlinge die von Himmler stammende Aufschrift lesen: „Es gibt einen Weg zur Freiheit. Seine Meilensteine heißen: Gehorsam, Fleiß, Ehrlichkeit, Ordnung, Sauberkeit, Nüchternheit, Wahrhaftigkeit, Opfersinn und Liebe zum Vaterland!" (Smith & Peterson :111). Man konnte mit bekannten Tugenden Menschen die Hölle bereiten. Dass in der kritischen Aufarbeitung dieser dunklen Geschichte durch die 68er Kulturrevolution diese Tugenden eines überholten preußischdeutschen Denkens gleich ganz abgeschafft werden sollten, ist einerseits verständlich, andererseits gleicht es dem Versuch, das Kind mit dem Bade auszuschütten. Die Alternativ-Tugenden wie ein freizügiges Moralverständnis, antiautoritäre Pädagogik, totale Selbstbestimmtheit u. a. haben jedenfalls nicht unbedingt zu einer Verbesserung der Gesellschaft und nachhaltig tugendhafter Lebensweisen geführt.

Aufgrund der offenkundigen Defizite im zwischenmenschlichen Leben ist heute die Notwendigkeit, sich um Ethik zu bemühen, wieder neu erkannt worden. Ethik ist Teil der Lehrpläne der Schulen und wird als Wert in das Mission-Statement von Firmen aufgenommen. Eine unüberschaubare Anzahl von Büchern beschäftigt sich mit dem Thema. Institute widmen sich der Erforschung und Implementierung von Ethik in den Arbeitsalltag. Grund genug, sich etwas genauer mit dem Thema Tugenden und Werte auseinanderzusetzen.

Manchmal werden die Begriffe „Tugenden" und „Werte" gleich verwendet. Beide Begriffe stammen zwar aus der Ethik, sie bezeichnen aber Unterschiedliches. Werte sind Überzeugungen davon, was gut

Einleitung

und richtig ist, z. B. Gerechtigkeit für alle Menschen. Werte sind eher abstrakt formuliert. Tugenden sind Fähigkeiten, Dispositionen eines Menschen, die als gut erkannten Werte konkret umzusetzen.[2] Ein gerechter Mensch ist jemand, der gerecht handelt, d. h. andere und sich selbst gerecht behandelt.

Tugenden werden als Wege zum Guten gesehen. Dabei ist es unerheblich, ob man in Anzahl oder Auswahl der Tugenden übereinstimmt oder nicht. Was das Gute ist und wie es zu erreichen ist, lässt sich oft nicht eindeutig definieren. Es gibt religiöse und philosophische Antworten zuhauf. Weitgehende Übereinstimmung besteht jedoch in der Einsicht einer dreifachen Voraussetzung zum Tun des Guten. Für die meisten wird eine Spannung erkannt zwischen a) dem Menschen, wie er ist und b) wie er sein könnte, wenn er sein Ziel und das Gute wüsste, und c) was er tun müsste, um dies Ziel zu erreichen. Jeder muss, wenn er ehrlich zu sich selbst ist, einräumen, dass er eben nicht so ist, wie er sein sollte oder sein wollte oder sein müsste (je nach Prägung und weltanschaulicher Überzeugung). Übereinstimmung besteht auch darin, dass man angesichts der gesellschaftspolitischen Herausforderungen heute die vermissten und verloren gegangenen Mittel und Wege, mit denen man das Gute erreichen kann, wieder entdeckt und belebt. Diese Mittel und Wege zum Guten werden gemeinhin als Tugenden bezeichnet.

Ein Tugendlehrer, der die abendländische Geistes- und Kulturgeschichte maßgeblich und wie kein anderer geprägt hat, ist Aristoteles (384–322 v. Chr.). Seine Nikomachische Ethik[3] ist gemäß MacIntyre (:199) „die brillanteste Sammlung von Vortragsnotizen, die je geschrieben wurde". Sie atmet eine Lebendigkeit und Praxisnähe, die viele heutige ethische Abhandlungen vermissen lassen. Aristoteles entfaltet ein ethisches Konzept, das weit über religiöse und kulturelle Grenzen hinweg zu einem Weg des Guten gelten kann und anerkannt ist. Von daher ist es naheliegend, dass die Tugenden als ethischer Weg aus der Krise in unseren Tagen wieder neu entdeckt werden. Das von vielen geteilte Empfinden eines starken Wertewandels und großflächi-

Lust auf gutes Leben

gen Verdampfens traditioneller ethischer Vorstellungen erklärt den Ruf nach Werten und Tugenden. Während sich die meisten Abhandlungen über Tugenden auf die aristotelisch-philosophische Tradition berufen, wurden im evangelischen Bereich Tugenden oft unterbelichtet. Die Gründe lassen sich unterschiedlich erklären (siehe das *Postskriptum*, S. 128). *Diese Tugend-Lücke will dieses Buch schließen helfen.* Die Autoren sind der Meinung, dass Christen nicht auf Tugenden verzichten können. Zu deutlich wird im Neuen Testament auf sie verwiesen. Dabei sind sich die Autoren bewusst, dass nicht nur Christen tugendhaft leben können und es inhaltlich durchaus große Schnittmengen zwischen außerchristlichen und christlichen Tugendentwürfen gibt.

Was sagt die Bibel?

Im Alten Testament werden die Zehn Gebote als ethische Wegweiser eingeleitet mit der Selbstkundgabe und dem Befreiungshandeln Gottes (2Mo 20,1ff.). Wer ihm begegnet ist, lebt anders. Wer seine Liebe erfahren hat, lebt konkret in seinen Geboten. In der alttestamentlichen Weisheitsliteratur werden Tugenden und Laster plastisch beschrieben und gegeneinandergehalten. Der Weise geht den Pfad der Tugend (Spr 12,15). Dabei weiß er, dass die „Furcht des Herrn der Anfang der Erkenntnis ist" (Spr 1,7). Die göttliche Weisheit kann man hier als eine Entsprechung der Tugend verstehen. Sie erweist sich in einer klugen Lebensgestaltung und steht der Lebensweise des Toren diametral entgegen.

Die göttliche Weisheit – eine Entsprechung der Tugend: Sie erweist sich in einer klugen Lebensgestaltung und steht der Lebensweise des Toren diametral entgegen.

Im Neuen Testament wird von Tugenden gesprochen, wenn auch nicht in systematischer Weise und auch nicht als zentrales Thema. Bekannt sind etwa die sogenannten Tugend- und auch Lasterkataloge (z. B. Gal 5,22ff.; Eph 4,1-3), die es in ähnlicher Form auch außerhalb

Einleitung

der Bibel in der antiken Literatur gab. Im Neuen Testament wird aber nicht nur ethisch an ein tugendhaftes Leben von Menschen appelliert. Man soll nicht einfach moralisch anständig leben. Das Leben der Christen soll ein Spiegel von Gottes Tugenden sein. Deshalb wird immer zuerst von *Gottes Tugenden* gesprochen. „Lasst uns lieben, denn er hat uns zuerst geliebt!" (1Joh 4,19). Diese außerordentliche Liebe Gottes ist in seinem geschichtlichen Heilshandeln – und besonders in Christus – offenbar geworden. Durch sie hat er das Leben von Christen reich gemacht. Daher sollen sie mit ihrem Leben „die Tugenden Gottes verkündigen" (1Petr 2,9). Dass Menschen überhaupt glauben können und dass sie zur Kindschaft Gottes und zur Nachfolge Jesu berufen sind, liegt an „Gottes Herrlichkeit und Tugend" (2Petr 1,3). Der griechische Begriff *aretä*, den Petrus hier gebraucht, meint Tüchtigkeit, Fähigkeit oder Vollkommenheit. Die Tugenden Gottes sind also Eigenschaften seines Charakters, seines Wesens, die sich in seinem konkreten Heilshandeln zeigen.

Hier wird schon ein neutestamentliches Merkmal deutlich, durch das sich die neutestamentlichen Tugendkataloge von den antiken philosophischen Tugendlehren fundamental unterscheiden. Im griechisch-hellenistischen Kontext war „der Tugendbegriff ... doch zu anthropozentrisch und zu sehr aus dem Diesseits erwachsen" (Bauernfeind :460). Das, wovon die Bibel Zeugnis gibt, sind nicht die Leistungen oder Verdienste der Menschen, sondern die großen Taten Gottes. Diese Taten sind so vortrefflich, so vorzüglich, dass sie mit dem Begriff Tugenden bezeichnet werden. So verwendet die griechische Übersetzung des Alten Testaments, die Septuaginta, den Begriff Tugend als Synonym zu *doxa* – Herrlichkeit. Gottes Herrlichkeit ist seine Tugend. Sie erweist sich in seiner Gerechtigkeit und kann auch mit diesem Begriff „fast wechselseitig gebraucht" werden (:460).

Wenn also im Alten und Neuen Testament von Gottes Tugenden gesprochen wird, dann werden damit seine Wesensart und sein konkretes Heilshandeln bezeichnet, das Menschen so berührt, dass sie verändert und befähigt werden, nun ihrerseits seine „Tugenden zu verkünden"

Lust auf gutes Leben

(1Petr 2,9) und nach seinen Tugenden zu leben. Am besten kann man es mit der augustinischen Begriffsbestimmung des Petrus Lombardus ausdrücken, was Tugend ist: „Tugend ist jene gute Beschaffenheit des Geistes, kraft deren man recht lebt, die niemand schlecht gebraucht, die Gott in uns ohne uns bewirkt" (in Porter :188). Was das im Einzelnen bedeutet, soll in den folgenden Artikeln entfaltet werden.

Dass es dabei durchaus auch zu Überschneidungen mit weltlichen Tugenden kommen kann, ist für den Bibelkenner gar nicht so überraschend. Paulus mahnt die Juden im Römerbrief, sich nicht über die Heiden aufgrund ihres Wissens von Gott zu überheben. „Denn wenn auch die Heiden, die kein Gesetz haben, von Natur dem Gesetz entsprechend handeln, so ... beweisen sie, dass das Werk des Gesetzes in ihren Herzen geschrieben ist" (Röm 2,14f.). Das heißt nicht, dass Heiden aufgrund ihres Tuns des Gesetzes (tugendhaftes Leben) vor Gott gerecht werden, sondern dass sie tatsächlich in der Lage sind, auch tugendhaft zu leben. Dass das nicht reicht, um vor Gott zu bestehen, ist im Römerbrief die herausfordernde Botschaft des Evangeliums. Nicht unsere eigene Gerechtigkeit und Tugendhaftigkeit macht uns vor Gott gerecht, sondern seine Gerechtigkeit, die Gnade, mit der er Sünder und Gottlose gerecht macht (Röm 3,21ff.; Gal 2,16-21). Diese Voraussetzung befähigt zu einem tugendhaften Leben aus dem Glauben.

Auch Heiden können tugendhaft leben. Dass das nicht reicht, um vor Gott zu bestehen, ist im Römerbrief die herausfordernde Botschaft des Evangeliums.

Zur Auswahl der Tugenden

Das Neue Testament greift viele Tugenden auf, die zur damaligen Zeit allgemein anerkannt waren. Darüber hinaus entfaltet es aber auch Tugenden, die Nicht-Christen nicht kannten und die größtenteils von ihnen gar nicht als Tugend anerkannt wurden.

Wir halten dieses Buch bewusst kurz. Deshalb haben wir uns auf fünfzehn Tugenden beschränkt:

Einleitung

1. Die klassischen vier Haupt- oder Kardinaltugenden: praktische *Klugheit, Gerechtigkeit, Tapferkeit* und *Besonnenheit.*
2. Spezifisch christliche Tugenden, die es in der Antike vorher nicht gab: *Demut, Feindesliebe, Vergebungsbereitschaft, Hoffnung.*
3. Eine Auswahl von Tugenden, bei denen wir den Eindruck haben, dass es sich hier ganz besonders lohnt, sie in der heutigen Zeit zur Sprache zu bringen: *Treue, Höflichkeit, Gastfreundschaft, Freigiebigkeit, Genügsamkeit, Dankbarkeit* und *Einfachheit (Komplexitätsreduktion).*

Wir folgen in diesem Buch dieser Reihenfolge mit der einzigen Ausnahme, dass die Hoffnung zuletzt erscheint. Denn ein christliches Buch kann nicht anders als mit einer hoffnungsvollen Perspektive zu enden.

Die einzelnen Kapitel

Bei jeder Tugend beschreiben wir zunächst die Tugend allgemein und erläutern dann, wie die Bibel diese Tugend aufgreift bzw. versteht. Wir schließen die Beschreibung jeder Tugend mit praktischen Tipps zum Handeln und Einüben dieser Tugend.

Auch wenn man zu jeder Tugend viel mehr schreiben könnte, haben wir – im Sinne der Tugend der Einfachheit – Kürze angestrebt. Wer mehr über eine einzelne Tugend wissen will, findet am Ende eines jeden Kapitels entsprechende Literaturhinweise. Die einzelnen Kapitel sind ab Januar 2013 als Artikelserie in der Zeitschrift PERSPEKTIVE erschienen.

Horst Afflerbach, Ralf Kaemper & Volker Kessler

Anmerkungen

1 http://www.tugendprojekt.de/tugenden (abgerufen am 7.3.2014). Hier wird „Eine Zusammenstellung von 52 Tugenden für den Einsatz der 5 Strategien in Erziehung, Unterricht, Familie und Beruf" geboten. Eine ausführliche Liste über 141 Tugenden – von A (Achtsamkeit) bis Z (Zuverlässigkeit) – zeigt, wie viele Tugenden konkret für das Zusammenleben hilfreich sind.
2 Halbig (:50, 57 u. a.) bezeichnet Tugenden als „intrinsisch wertvolle Einstellungen zu anderen intrinsischen Werten".
3 Benannt nach seinem Sohn Nikomachos. Es gibt viele Ausgaben. Die Aussagen in diesem Buch werden nach den Zahlen seiner ursprünglichen Aufteilung zitiert (Buch I,1–X,10). Im wissenschaftlichen Kontext wird jeder Aristoteles-Text nach der Berliner Akademie-Ausgabe von 1831 (Immanuel Bekker) zitiert.

Literatur

Aristoteles. *Nikomachische Ethik*.
Bauernfeind, Otto 1949. Artikel ἀρετή. In: *Theologisches Wörterbuch zum Neuen Testament* (ThWNT) Bd. 1. Stuttgart: Kohlhammer.
Chesterton, Gilbert Keith 2004. *Ketzer. Ein Plädoyer gegen die Gleichgültigkeit*. Frankfurt a. M.: Insel Taschenbuch.
Forschner, Maximilian 2006. Artikel Tugend. In: *Lexikon für Theologie und Kirche* (LThK) Bd. 10. Freiburg: Herder.
Halbig, Christoph 2013. *Der Begriff der Tugend und die Grenzen der Tugendethik*. Berlin: Suhrkamp.
MacIntyre, Alasdair 1995. *Der Verlust der Tugend*. Frankfurt a. M.: Suhrkamp.
Porter, Jean 2002. Artikel Tugend. In: *Theologische Realenzyklopädie* (TRE) Bd. 34. Berlin, New York: Walter de Gruyter.
Sarrazin, Thilo 2014. *Der neue Tugendterror. Über die Grenzen der Meinungsfreiheit in Deutschland*. München: Deutsche Verlagsanstalt.
Smith, Bradley F. & Peterson, Agnes (Hrsg.) 1974. *Heinrich Himmler. Geheimreden 1933 bis 1945 und andere Ansprachen*. Frankfurt, Berlin, Wien: Propylaen.

Stock, Konrad 2005. Artikel Tugend. In: *Religion in Geschichte und Gegenwart*, 4. Aufl. (RGG⁴) Bd. 8. Tübingen: Mohr Siebeck.

Wegner, Gerhard 2004. Wo sind die Tugenden? *Zeitzeichen* 9/04. Stuttgart: Kreuz-Verlag, S. 12-15.

Wikipedia 2012. Artikel Tugend (abgerufen am 21.9.2012).

Wright, Nicholas Thomas 2011. *Glaube – und was dann? Von der Transformation des Charakters.* Marburg: Francke.

1
(Praktische) Klugheit

Das Besondere dieser Tugend

Wir beginnen ganz bewusst mit der Tugend der Klugheit. Denn diese nimmt innerhalb der Tugenden eine Sonderstellung ein. Sie ist eine der vier Haupt- bzw. Kardinaltugenden des Altertums und des Mittelalters. Diese Kardinaltugenden werden z. B. in Weisheit 8,7 (EÜ), einer Spätschrift des Alten Testaments, gewürdigt: „Wenn jemand Gerechtigkeit liebt, in ihren Mühen findet er die Tugenden. Denn sie lehrt *Maß* und *Klugheit*, *Gerechtigkeit* und *Tapferkeit*, die Tugenden, die im Leben der Menschen nützlicher sind als alles andere."

In der Nikomachischen Ethik geht Aristoteles ausführlich auf die Tugend der Klugheit ein, für die er das griechische Wort *phronesis* benutzt. Damit meint er die *praktische* Klugheit, die entscheidet, wie im *konkreten* Fall zu handeln ist, im Unterschied zur Wissenschaft, welche das Ziel hat, allgemeingültige Gesetzmäßigkeiten zu finden.

Aus zwei Gründen nimmt die praktische Klugheit innerhalb der Tugenden eine Sonderstellung ein: Erstens bezieht sich die praktische Klugheit auf den Verstand, während fast alle anderen Tugenden sich auf den Charakter beziehen. Zweitens hat die praktische Klugheit eine Leitfunktion für die anderen Tugenden. Sie sorgt dafür, dass die Charaktertugenden in der jeweiligen Situation mit angemessenen Mitteln verwirklicht werden. Um es am Beispiel von Tapferkeit und Freigiebigkeit zu verdeutlichen: Zu wenig Mut ist Feigheit, zu viel Mut ist

(Praktische) Klugheit

Übermut, das rechte Maß ist die Tugend der Tapferkeit. Und es ist die praktische Klugheit, die hier das rechte Maß in der konkreten Situation finden muss. Genauso ist es mit der Freigiebigkeit: Die gleiche Handlung, die in einer Situation großzügig ist, könnte in einer anderen Situation verschwenderisch und in einer dritten Situation geizig sein.

Das richtige Urteil aufgrund der praktischen Klugheit spielt also im Leben des tugendhaften Menschen eine zentrale und unentbehrliche Rolle. „Wer nicht weiß, wie die Dinge wirklich sind und liegen, der kann auch nicht das Gute tun" (Pieper 1940 :23f.). Die praktische Klugheit ist eine intellektuelle Tugend, aber ohne diese intellektuelle Tugend kann keine Charaktertugend gelebt werden. Ohne Klugheit wären die anderen Tugenden ziellos: Der Gerechte würde zwar die Gerechtigkeit lieben, aber er wüsste nicht, wie er sie erreichen soll. Andersherum wäre die Klugheit ohne die anderen Tugenden leer: Wer zwar weiß, wie er etwas Gutes tun könnte, es aber nicht tut, hat das eigentliche Ziel nicht erreicht (siehe auch Jak 4,17).

> Zu wenig Mut ist Feigheit, zu viel Mut ist Übermut, das rechte Maß ist die Tugend der Tapferkeit. Und es ist die praktische Klugheit, die hier das rechte Maß finden muss.

Klugheit und Weisheit in der Bibel

Die Weisheit des Alten Testaments ist der *phronesis* von Aristoteles insofern ähnlich, dass es ihr auch um ganz lebenspraktische Fragen geht. Ihr geht es um das rechte Handeln in konkreten Situationen – und nicht um Anhäufung von Wissen um des Wissens willen. Auch der Weise im Alten Testament muss lernen, sich in der konkreten Situation passend zu entscheiden. Sprüche 26,4.5 geben einander scheinbar widersprechende Tipps, wie man einem Toren antworten soll: „Antworte dem Toren nicht nach seiner Narrheit, damit nicht auch du ihm gleich wirst! Antworte dem Toren nach seiner Narrheit, damit er nicht weise bleibt in seinen Augen!" Der Weise muss eben in der konkreten Situation entscheiden, was angemessen ist, und er wird sich mal für die erste und mal für die zweite Variante entscheiden. Allerdings warnt das Alte Testament wiederholt vor einer autonomen Weisheit – einer Weisheit, die meint, ohne Gott existieren zu können: „Sei nicht weise in deinen Augen, fürchte den HERRN" (Spr 3,7, siehe auch Spr 1,7; 3,5).

Im Neuen Testament tauchen die griechischen Ausdrücke *phronesis* (Klugheit) bzw. *phronimos* (klug) in den Evangelien und in den Paulusbriefen auf. Der kluge Mann baut sein Haus auf felsigem Grund (Mt 7,24); der kluge Haushalter wird beim Kommen seines Herrn mit der Ausübung seiner Aufgabe beschäftigt sein (Mt 24,45; Lk 12,42); die fünf klugen Jungfrauen haben einen Vorrat an Öl (Mt 25,1ff.); der ungerechte Haushalter wird als klug gewürdigt (Lk 16,8); und schließlich werden die Jünger aufgefordert: „Seid klug wie die Schlangen" (Mt 10,16). In diesen Gleichnissen und Bildworten ist die Klugheit ganz praktisch zu verstehen. Die beschriebenen Personen erweisen sich als praktisch klug bei der Regelung des Lebens. Die *phronesis* im Neuen Testament ist also der Weisheit im Alten Testament sehr ähnlich. Und auch das Neue Testament warnt vor einer von Gott unabhängigen Klugheit: „Seid nicht klug bei euch selbst" (Röm 12,16, vgl. Spr 3,7).

In Römer 12-15 behandelt Paulus etliche ethische Fragen. In den Eingangsversen zu diesen Kapiteln heißt es: „Und seid nicht gleichförmig dieser Welt, sondern werdet verwandelt durch die Erneuerung des Sinnes, dass ihr prüfen mögt, was der Wille Gottes ist: das Gute und Wohlgefällige und Vollkommene" (Röm 12,2). Hier sehen wir einen Unterschied und eine Gemeinsamkeit zum aristotelischen Ansatz der *phronesis*: Ein wesentlicher Unterschied besteht darin, dass das Neue Testament keine Chance sieht, den Verstand allein durch eigene Anstrengung zu vervollkommnen. Denn auch der Verstand ist durch die Sünde beeinträchtigt und bedarf einer Erneuerung. Gemeinsam ist beiden Ansätzen die Erkenntnis, dass man ohne Verstand, ohne Klugheit keine Charaktertugend verwirklichen kann. Denn nur mithilfe des erneuerten Verstandes kann man prüfen, was denn nun „das

(Praktische) Klugheit

Gute, das Wohlgefällige und das Vollkommene" ist. Deswegen sollte man bei Menschen, die in der Gemeinde Leitungsfunktionen wahrnehmen, neben anderen Charaktertugenden auch Weisheit erwarten – die Tugend der praktischen Klugheit (siehe Apg 6,3).

Zum Handeln und Einüben

- *Praktische Klugheit muss eingeübt, trainiert werden.* Ein Muskel, der nicht benutzt wird, entwickelt sich zurück. Deswegen gehen viele in ein Fitnessstudio, um dort jene Muskeln zu bewegen, die man im Alltag kaum benutzt. Gleiches gilt für unsere Gehirnmuskeln. Es genügt nicht, ein Gehirn zu besitzen. Man muss es auch *benutzen*. Das kann manchmal anstrengend sein – wie ein Besuch im Fitnessstudio. Wer sich vor körperlicher Anstrengung scheut, wird seine körperliche Fitness verlieren. Und wer sich vor geistiger Anstrengung scheut, wird seine geistige Fitness verlieren.

- *Praktische Klugheit kann nur trainieren, wer auch handelt.* Wissenschaft kann man notfalls auch vom Elfenbeinturm aus betreiben. Aber in der praktischen Klugheit geht es um das richtige Handeln in konkreten Situationen. Wer hier auf der Zuschauerbank bleibt, wird nie wirklich dazulernen. Er wird zwar immer meinen, zu wissen, was richtig sei und wie etwas getan werden müsse. Aber das ist ein Irrtum. Als Zuschauer eines Fußballspiels meinen wir zwar auch immer genau zu wissen, was die Spieler tun müssten. Aber aus einem reinen Zuschauer ist noch nie ein guter Spieler geworden. Erst wer seine praktische Klugheit in konkreten Situationen einsetzt, kann dazulernen. Er wird Fehler machen, aber – so der Volksmund – „aus Fehlern wird man klug".

- *Praktische Klugheit entwickelt sich weiter, wenn man sich mit anderen Anschauungen auseinandersetzt.* Ich habe immer viel dazugelernt, wenn ich mich mit Positionen beschäftigt habe, die aus anderen Kulturen oder aus anderen Glaubenstraditionen stammen. Erst durch die Beschäftigung mit anderen Anschauungen kann man die eigene Anschauung wirklich verstehen. Wer nur eine Weltanschauung kennt, kennt eigentlich gar keine. Es ist natürlich bequemer, nur solche Autoren zu lesen, die die eigene Meinung bestätigen. Aber reifen wird die Klugheit nur, wenn man sich ernsthaft in andere Positionen hineinversetzt und zu verstehen versucht, warum manche Menschen andere Dinge für richtig halten, als ich es tue.

Praktische Klugheit ist unerlässlich, wenn das Leben gelingen soll. Sie sollte sich allerdings paaren mit Bescheidenheit. Denn der wirklich Kluge weiß, dass er längst nicht alles weiß.

Volker Kessler

Literatur

Aristoteles. *Nikomachische Ethik*. Buch VI, insbes. Kap. 5 und 8.
Comte-Sponville, André 1996. *Ermutigung zu einem unzeitgemäßen Leben. Ein kleines Brevier der Tugenden und Werte*. Reinbek: Rowohlt. Kap. 3: Die Klugheit.
Pieper, Josef 1940. *Über das christliche Menschenbild*. 3. Aufl. Leipzig: Verlag Jakob Hegner.
Pieper, Josef 2008. *Über die Tugenden: Klugheit, Gerechtigkeit, Tapferkeit, Maß*. 2. Aufl. München: Kösel. Kap. 1: Klugheit.

2
Gerechtigkeit

Gerechtigkeit ist – spätestens in Zeiten der Globalisierung – wieder zu einem unsere Welt neu bestimmenden Thema geworden. Wir werden Zeugen, wie immer mehr Menschen ungehalten reagieren, wenn sie Ungerechtigkeit in ihren vielen Varianten entdecken. Sie gehen auf die Straße und demonstrieren für Freiheit und Gerechtigkeit. Wer sich ungerecht behandelt fühlt, will das nicht hinnehmen und reagiert zu Recht für das Recht. Wenn Frauen unterdrückt oder misshandelt werden, löst das – auch in konservativen Kulturen wie Indien und im arabischen Raum – immer stärkere Reaktionen aus. Dass Regierungen und Organisationen es sich immer noch leisten, Ungerechtigkeit und Korruption zu dulden oder gar zu decken, zeigt nur den Zustand unserer Welt und wie nötig es ist, die von Gott geforderte Gerechtigkeit ernst zu nehmen.

> Eine neue Sensibilität für Gerechtigkeit: Ungerechte wirtschaftliche und politische Strukturen werden deutlicher wahrgenommen.

Es ist in unserer Zeit eine neue Sensibilität für Gerechtigkeit entstanden, und ungerechte wirtschaftliche und politische Strukturen werden deutlicher wahrgenommen. Keiner kann heute mehr die Augen davor verschließen, dass Schokolade zu essen oder Kaffee zu trinken etwas mit unserem Thema zu tun hat. Wenn Kinder unter unzumutbaren Bedingungen schuften müssen oder Menschen (vor allem Frauen und Kinder) missbraucht und ausgebeutet werden, damit wir unsere hippen Klamotten preiswert einkaufen oder unsere tollen Smartphones benutzen können, dann kann man nicht mehr länger wegsehen und muss sich dem Thema Armut, Ausbeutung und Gerechtigkeit stellen. Wenn Menschen auf Kosten anderer leben, ist das ungerecht und nicht hinnehmbar.

Geschichtliche Überlegungen

Gerechtigkeit bezeichnet – in ihrer klassischen Definition des römischen Juristen *Ulpian* und des einflussreichen Kirchenlehrers *Thomas v. Aquin* – jene Verhaltensweise, die „jedem das Seine" – *suum cuique* – zukommen lässt. D. h., jedem soll das, was ihm (von Natur aus) zusteht, auch gewährt werden. Dass diese Einsicht pervertiert werden kann (und pervertiert worden ist), zeigt die zynische Aufschrift „Arbeit macht frei" auf den Eingangstoren der NS-Konzentrationslager.

Nach *Aristoteles* (in seiner Nikomachischen Ethik) ist derjenige gerecht, der die gerechten Gesetze beobachtet. Von dieser allgemeinen Gerechtigkeit unterscheidet er eine partikulare Gerechtigkeit. Dabei geht es sowohl um eine Gerechtigkeit der Verteilung als auch um eine Gerechtigkeit des ordnend Ausgleichenden. Hier werden bereits Grundlagen für eine soziale bzw. gesellschaftliche oder (wirtschafts-)politische Gerechtigkeit aufgezeigt.

Gerechtigkeit darf aber nicht mit Egalisierung (Gleichmachung) verwechselt werden. Alles gleichmachen zu wollen, kann zu großer Ungerechtigkeit führen, weil Eigentum und unterschiedliche Potenziale missachtet und nivelliert werden. Die Forderung von Umverteilung und Enteignung (das alte sozialistische und kommunistische Anliegen) hat letztlich nicht zu Gerechtigkeit geführt, sondern zu Unfreiheit und Ungerechtigkeit, wie die Geschichte gezeigt hat.

Aber auch die von Werten völlig losgelöste Freiheit – zügelloser Kapitalismus – führt nicht zu mehr Gerechtigkeit. Wenn Freiheit nicht mit sozialer Verantwortung gepaart wird, führt sie zu Ungerechtigkeit. Es ist z. B. ungerecht, wenn Steuerzahler für die Rettung von Banken aufkommen sollen, die durch ihr verantwortungsloses

Gerechtigkeit

Handeln zur Weltwirtschaftskrise beigetragen oder sie gar ausgelöst haben.

Das Spannende ist nun, dass sich *einerseits* immer mehr Christen konkret für soziale und gesellschaftspolitische Gerechtigkeit einsetzen. Sie sind bereit, Konsequenzen bis in ihre Lebensgestaltung hinein zu ziehen und z. B. ihr Konsumverhalten zu ändern. *Andererseits* meinen nicht wenige Christen, dass diese gesellschaftspolitischen Themen nichts mit dem Evangelium zu tun hätten. Es sei nicht Aufgabe von Christen, sich für soziale und politische Gerechtigkeit einzusetzen. Diese Argumentation hat eine längere Tradition und geht letztlich auf eine Verkürzung biblischer Kernbegriffe auf die geistliche Sphäre zurück. Die bahnbrechenden Erkenntnisse der Reformation im Blick auf die Glaubensgerechtigkeit wurden einseitig auf den Aspekt einer individuellen, verinnerlichten und nur auf Gott bezogenen Perspektive reduziert. „Wie werde ich gerecht vor Gott?" (M. Luther)

Doch die Bibel sagt mehr zum Thema Gerechtigkeit. Deshalb ist es wichtig, sich neu damit auseinanderzusetzen und zu fragen, was sie wirklich sagt und was das für uns bedeutet.

Gerechtigkeit in der Bibel

Gerechtigkeit ist eins der biblischen Hauptworte. Es kommt einige Hundert Male im Alten und Neuen Testament vor. Den Gott der Bibel charakterisieren seine Gerechtigkeit und sein gerechtes Handeln. „Der HERR hat das Recht lieb" (Ps 37,28). Der gerechte Gott will, dass sündige Menschen gerecht werden (d. h. in Übereinstimmung mit ihm und seinem Willen sind) und ihrerseits gerecht handeln. Dazu hat er sein Wort und am Sinai sein Gesetz gegeben als Ausdruck seiner Gerechtigkeit und seines Gemeinschaft stiftenden Handelns.

Man kann an Verbindungen von Gerechtigkeit mit anderen Leitbegriffen erkennen, wie Gerechtigkeit in der Bibel verstanden wird (Hecht):

- *Recht und Gerechtigkeit*: das Recht als gerechte Grundstruktur sozialen Lebens.
- *Treue und Gerechtigkeit*: die Verlässlichkeit, die dauerhafte menschliche Bindung im sozialen Gefüge.
- *Leben und Gerechtigkeit*: die menschliche Gemeinschaft in ihrer Solidarität, besonders mit den Bedürftigen.

Die Sozialgesetzgebung im Alten Testament verlangte die Sorge für die schwachen Glieder der Gemeinschaft. Dazu gehörten besonders Abgaben für die Ärmsten, für Waisen und Witwen, die sonst keine Möglichkeiten hatten, würdevoll zu leben. Auch sollten Möglichkeiten der Entschuldung gegeben werden wegen der Würde und Freiheit, die Menschen von Gott verliehen ist. Die Befreiung Israels aus der Knechtschaft Ägyptens durch Gott wurde so zum verpflichtenden Vorbild, sich ebenso für Freiheit und Gerechtigkeit anderen gegenüber einzusetzen. Das Mitgefühl und schützende Verhalten gegenüber Mitmenschen und Mitgeschöpfen, z. B. den Fremdlingen und Tieren und sogar der Pflanzenwelt (im Jobeljahr sollten die Felder ruhen) galt als Ausdruck gerechten Handelns. Hier fand sich eine Kultur der Erinnerung an Gottes Gerechtigkeit schaffendes Handeln, die das soziale Verhalten und den Einsatz für gerechte gesellschaftliche Strukturen von diesem Handeln ableitete.

Gerade die alttestamentlichen Propheten mahnen immer wieder leidenschaftlich das Volk Gottes, auf Gerechtigkeit zu achten: „Schafft Recht und Gerechtigkeit und errettet den Bedrückten von des Frevlers Hand und bedrängt nicht die Fremdlinge, Waisen und Witwen und tut niemand Gewalt an und vergießt nicht unschuldiges Blut" (Jer 22,3). Angesichts des Elends seines Volkes Israel verheißt Gott schließlich selbst, ihm in Zukunft einen Hirten zu erwecken, der als König wohl regieren, verständig handeln und Recht und Gerechtigkeit im Land üben wird. Sein Name: „König der Gerechtigkeit" (Jer 23,4-6). „So spricht der HERR: Wahret das Recht und übt Gerechtigkeit! Denn mein Heil ist nahe, dass es kommt, und meine Gerechtigkeit, dass

Gerechtigkeit

sie offenbart wird" (Jes 56,1f.). Gerechtigkeit als sozialer Verhältnisbegriff bedeutet so viel wie Gemeinschaftstreue. So wie Gott treu ist, will er auch, dass seine Menschen untereinander und ihm gegenüber treu sind und gerecht handeln.

An dieser Stelle kommt ein neuer biblischer Gedanke hinzu, der über alle gesellschaftspolitischen horizontalen Aspekte von Gerechtigkeit weit hinausgeht, quasi die vertikale Dimension der Gerechtigkeit. Die Menschen halten nach biblischem Zeugnis – aufgrund ihres Sünderseins – „die Wahrheit durch Ungerechtigkeit nieder" (Röm 1,18) und sind „alle unter der Sünde" (Röm 3,9). „Da ist kein Gerechter, auch nicht einer" (Röm 3,10), d. h., sie sind zu einem Gott adäquaten Handeln nicht fähig. Die Konsequenz: „Die ganze Welt ist dem Gericht Gottes verfallen" und aus „Gesetzeswerken wird kein Fleisch vor ihm gerechtfertigt werden" (Röm 3,20). Angesichts dieser schier aussichtslosen Lage handelt Gott schließlich selbst an ihnen in Gerechtigkeit. Diese Gerechtigkeit Gottes ist völlig anders als die Gerechtigkeit der Menschen. Das unerhört Neue daran ist, dass Gott seine Gerechtigkeit ausgerechnet an denen erweist, die sie völlig ermangeln lassen. „Alle haben gesündigt ... und werden umsonst gerechtfertigt durch seine Gnade, durch die Erlösung, die in Christus Jesus ist" (Röm 3,23f.).

Angesichts der schier aussichtslosen Lage der Menschen handelt Gott schließlich selbst an ihnen in Gerechtigkeit.

Dass Gott „den Gottlosen gerecht macht" und dessen „Glauben zur Gerechtigkeit anrechnet" (Röm 4,5), scheint auf den ersten Blick ungerecht zu sein. Es zeigt aber nur, dass die „eigene Gerechtigkeit aufgrund des Gesetzes" (der eigenen moralischen Leistung) vor Gott keinen Bestand hat und nur durch die andere, die „fremde Gerechtigkeit" (Luther), die „durch den Glauben an Christus" (Phil 3,9) hergestellt wird. Diese analogielose Art Gottes, Gerechtigkeit aus Gnade herzustellen, ist die Grundlage des Evangeliums, zu der es keine Alternative gibt. Nicht das fromme Tun macht Menschen gerecht vor Gott, sondern Gottes Gnade macht die Ungerechten gerecht. Diese Botschaft wird im Neuen Testament bereits durch Jesus formuliert: „Wenn eure Gerechtigkeit nicht besser ist als die der Schriftgelehrten und Pharisäer, so werdet ihr nicht ins Himmelreich kommen" (Mt 5,20, LUT). Sie wird durch Paulus in besonderer Weise ausgeformt (Röm 3,21-28; Gal 2,16; Phil 3,9f. u. ö.). Aus dieser Tat Gottes folgt, dass der so durch Gnade Gerechtfertigte nun seinerseits die „Frucht der Gerechtigkeit" (Jes 32,17; Phil 1,11; Jak 3,18) bringen und dadurch gerecht, d. h. in Übereinstimmung mit Gottes Willen leben soll und wird. Aus der vertikalen (zwischen Gott und Mensch) erwächst die horizontale Dimension der Gerechtigkeit (zwischen Mensch und Mensch und Mensch und Welt).

Für die *einen* kann es notwendig sein, die vertikale Dimension der Gerechtigkeit, wie sie im Neuen Testament bezeugt und in der Reformation wiederentdeckt worden ist, für sich neu zu finden. Für die *anderen* kann es von Bedeutung sein, die horizontale Dimension der Gerechtigkeit wieder ernst zu nehmen.

Zum Handeln und Einüben

Diese zweite oder horizontale Dimension von Gerechtigkeit neu zu lernen ist heute angesichts der riesigen Herausforderungen weltweit vielleicht die stärkste Notwendigkeit.

- Wer sich für Gerechtigkeit in der Welt einsetzen will, kann z. B. die international tätige Micha-Initiative, eine *Kampagne der Evangelischen Allianz gegen extreme Armut und für globale Gerechtigkeit* (siehe die gleichnamige Homepage) unterstützen. Sie bietet viele konkrete Anregungen und Möglichkeiten.
- Die – besonders in Deutschland und Europa – bekannte und unerträgliche Situation des im Zusammenhang mit Prostitution geübten Menschenhandels ist ein Skandal, gegen den man im Namen der Gerechtigkeit und Menschenwürde aufstehen und protestieren muss. Es braucht einen Bewusstseinswandel, der zu einer Veränderung der Gesetzgebung und der Praxis führt. „Wahre Männer kaufen keine Frauen."

Gerechtigkeit

- Die Micha-Initiative Deutschland beteiligte sich auch an der globalen Kampagne „EXPOSED – Korruption ans Licht bringen". Gemeinsam mit Christinnen und Christen aus über 100 Ländern setzt sie sich dafür ein, dass Korruption und Steuerflucht bekämpft werden, indem Transparenz erhöht wird. Pro Jahr gehen allein durch Korruption schätzungsweise eine Billion US-Dollar – 1.000.000.000.000! – verloren (Micha-Initiative 2012, *Exposed*).
- Fairen Handel kann man konkret einüben. Wenn immer mehr nur noch fair gehandelten Kaffee kaufen und trinken, werden die Konzerne und der Einzelhandel reagieren. Beim Konsum von Schokolade ist es ebenso. Auch das bewusste Konsumieren von Klamotten und elektronischen Geräten gehört in diesen Bereich. Bewusstmachen ist der erste Schritt von Veränderung des Verhaltens in Richtung Gerechtigkeit.

Horst Afflerbach

Literatur

Hardmeier, Roland 2012. *Geliebte Welt. Auf dem Weg zu einem neuen missionarischen Paradigma.* Schwarzenfeld: Neufeld.

Hecht, Anneliese 2006. *Gerechtigkeit in der Bibel.* Kath. Bibelwerk. Vortrag bei der Mitgliederversammlung der NAD, Bonn, 14.11.2006. http://www.netzwerkafrika.de/dcms/sites/nad/nad/spiritualitaet/index.html (abgerufen am 30.01.2014).

Keller, Timothy 2010. *Warum Gerechtigkeit? Gottes Großzügigkeit, soziales Handeln und was ich tun kann.* Gießen: Brunnen.

Micha-Initiative 2012. http://www.micha-initiative.de (abgerufen am 12.12.2013).

Scharbert, Josef; Finkel, Asher & Lührmann, Dieter 1984. Artikel Gerechtigkeit. In: *Theologische Realenzyklopädie* (TRE) Bd. 12. Berlin, New York: Walter de Gruyter.

Schramm, Michael; Hossfeld, Frank L.; Kertelge, Karl &Pesch, Rudolf 2006. Artikel Gerechtigkeit. In: *Lexikon für Theologie und Kirche* (LThK) Bd. 4. Freiburg: Herder.

3

Tapferkeit

Am 17. April 1521 stand Martin Luther in Worms vor dem Reichstag und wurde zum Widerruf aufgefordert. Nach einem Tag Bedenkzeit lehnte er mit folgender Erklärung ab: „Ich kann und will nichts widerrufen, weil es gefährlich und unmöglich ist, etwas gegen das Gewissen zu tun." – Luther war sich bewusst, dass dieses Bekenntnis seinen Tod bedeuten konnte.

Am 18. Februar 1943 wurden die Geschwister Hans und Sophie Scholl bei der Gestapo angezeigt. Man hatte sie beim Auslegen von Flugblättern überrascht, in denen zum Widerstand gegen den Nationalsozialismus aufgerufen wurde. Vier Tage später wurden sie zum Tode verurteilt und noch am gleichen Tag im Gefängnis München-Stadelheim durch die Guillotine hingerichtet.

Am 12. September 2009 starb der 40-jährige Dominik Florian Brunner. Er wurde von zwei Jugendlichen in München am S-Bahnhof Solln aus Rache geschlagen und getreten und verstarb kurze Zeit später an Herzversagen. Kurz vorher kam er vier Schülern zu Hilfe, die von den Jugendlichen bedroht worden waren.

An irgendeinem Tag im Jahr 2013 in einem Gymnasium in Nordrhein-Westfalen: Im Biologieunterricht wird das Thema „Evolution" behandelt, dabei auch auf den Schöpfungsbericht eingegangen. Das sage ja schon der gesunde Menschenverstand, dass das Unsinn sei, stellt die Lehrerin fest. Eine Schülerin meldet sich zaghaft und bekennt: „Ich glaube aber an die Schöpfung ..."

Was bringt Menschen dazu, unter schwierigen Umständen das Richtige zu tun? Was treibt sie an, sich gegen die Mehrheit zu stel-

Tapferkeit

len, auch wenn sie dadurch Nachteile in Kauf nehmen müssen? Auch wenn wir heute in einer (scheinbar!) toleranten Zeit leben, kann man ganz schön unter Druck geraten, wenn man Meinungen vertritt, die jenseits des Mainstreams liegen.

Die Tugend der Tapferkeit – oder des Mutes – hilft uns, in schwierigen Situationen das Richtige zu tun.

Damit das Gute geschieht

Diese Tugend stellt keinen Wert an sich dar. Sie bezieht sich auf etwas Höheres: auf das Gute. Tapferkeit „empfängt ihren eigenen Sinn erst durch die Bezogenheit auf etwas anderes", schreibt Joseph Pieper (:171). Mutige Menschen haben höhere Ziele als ihr eigenes Wohlergehen oder ihr Ansehen. „Der Tapfere hat nicht seine moralische Stärke im Auge, sondern das Gute, das verwirklicht werden soll, oder das Übel, das es zu beseitigen gilt " (Hoye :113)".

C.S. Lewis (:129) weist darauf hin, „dass Mut nicht einfach *eine* der Tugenden ist, sondern die Form, die jede Tugend im entscheidenden Augenblick annimmt." Welchen Wert haben Weisheit, Gerechtigkeit, Keuschheit, Barmherzigkeit oder Ehrlichkeit, wenn wir im entscheidenden Moment einknicken? „Pilatus war barmherzig, bis es gefährlich wurde", schreibt Lewis treffend.

> Mutige Menschen haben höhere Ziele als ihr eigenes Wohlergehen oder ihr Ansehen.

Warum brauchen wir Mut?

Unsere Welt ist nicht vollkommen. Das Gute setzt sich nicht automatisch durch. Im Gegenteil: Seit dem Sündenfall gibt es ein Gefälle zum Negativen. Die Sünde „lagert vor der Tür" (1Mo 4,7), wir müssen ihr einfach nur die Tür öffnen. Sünde geschieht. Dem Guten dagegen –

dem Frieden und der Heiligung – muss man nachjagen (Hebr 12,14). Das Gute muss man wollen, fördern und schützen. Dieser Tatsache trägt die Tugend der Tapferkeit Rechnung. Sie rechnet damit, dass man für das Gute kämpfen und sich dem Bösen entgegenstellen muss. Sie rechnet auch damit, dass dieser Einsatz etwas kostet. Dass der, der mutig handelt, Verletzungen davonträgt, Opfer bringen muss.

Eine Mitte zwischen Feigheit und Tollkühnheit

Nach Aristoteles ist Tapferkeit eine Mitte zwischen Feigheit und Tollkühnheit (NE III,10,1115b). Es geht nicht um Mut an sich oder gar um Heldentum, sondern um die gute Sache. „Die Tapferkeit sucht in der Überwindung der Gefahr nicht die Gefahr, sondern die Verwirklichung des Guten der Vernunft. Ohne die gerechte Sache existiert keine wahre Tapferkeit" (Hoye :104).

Der Mutige schaut hin

Der Mutige ist nicht naiv, er schaut hin. Er weiß, was für Folgen sein Handeln haben kann. Er ist auch kein Lebensverächter. Im Gegenteil: „Freude, Gesundheit, Erfolg, Glück. Alle diese Dinge sind echte Güter, die der Christ nicht einfach weggibt und gering schätzt: es sei denn, um höhere Güter zu bewahren" (Pieper :169).

Dies ist durchaus im Sinne von Jesus, der sagt: „Denn was wird es einem Menschen nützen, wenn er die ganze Welt gewönne, aber sein Leben (oder seine Seele) einbüßte?" (Mt 16,26). Josef Pieper (:188) stellt dazu fest: „Die Tugend der Tapferkeit bewahrt den Menschen davor, sein Leben auf solche Weise zu lieben, dass er es verliert."

Überhaupt ist Jesus Christus *das* große Vorbild für Mut. Im Garten Gethsemane betet der Herr: „Vater, wenn du diesen Kelch von mir wegnehmen willst – doch nicht mein Wille, sondern der deine geschehe!" (Lk 22,42). Hier wird das Wesen echter Tapferkeit sichtbar. Jesus weiß, was auf ihn zukommt, doch er ordnet seinen Willen dem Willen Gottes unter. Und riskiert dabei sein Leben!

Mut ist freiwillig

Christus gab sein Leben für uns aus freiem Willen dahin (Mt 26,53-54). Niemand hat ihn gezwungen. Schon Aristoteles weist darauf hin, dass der Mutige freiwillig handelt: „Er wählt und duldet, weil es so sittlich gut und das Gegenteil schlecht ist" (*NE* III,11,1116a). Streben nach der eigenen Ehre und Handeln aus Angst vor Schande ist noch kein wirklicher Mut. Erzwungene Handlungen z. B. durch Vorgesetzte kann man nicht mutig nennen. Auch Handlungen aus Zorn (z. B. über ein Unrecht) sind noch nicht mutig.

Mut und Risiko

Wer tapfer ist, will die Dinge nicht einfach hinnehmen oder laufen lassen. Er ist bereit Opfer zu bringen – für eine gute und gerechte Sache. Aber er weiß: Tapferkeit hat einen Preis. Deshalb ist der Tollkühne nicht mutig, sondern leichtsinnig. Mut zu haben ist riskant. Das Wesen der Tapferkeit „liegt nicht darin, keine Furcht zu kennen, sondern darin, sich durch die Furcht nicht zum Bösen zwingen oder von der Verwirklichung des Guten abhalten zu lassen" (Pieper :178).

Hier unterscheidet sich christlicher Mut, der auch zum Martyrium führen kann, von islamistischen Selbstmordattentätern. Der christliche Märtyrer erleidet Gewalt, die ihm andere zufügen, bis zum Tod. Er selbst aber darf niemandem im Namen des Evan-

> Der christliche Märtyrer erleidet Gewalt, die ihm andere zufügen, bis zum Tod. Er selbst aber darf niemandem im Namen des Evangeliums Gewalt antun.

geliums Gewalt antun. Denn das hat Christus eindeutig verboten (Mt 26,51ff., Joh 18,36).

Warum Tapferkeit hochaktuell und nötig ist

Unsere Zeit ist nur scheinbar tolerant. Bestimmte Meinungen, die nicht in den gesellschaftlichen Konsens passen, werden ausgegrenzt und bekämpft. Benedikt XVI (:72) warnte 2010 vor „einem intoleranten Anspruch einer neuen Religion, die vorgibt, allgemeingültig zu sein ... Dass im Namen der Toleranz die Toleranz abgeschafft wird, ist eine wirkliche Bedrohung, vor der wir stehen." Wache und unangepasste Journalisten bestätigen dies. So weist der FOCUS-Autor Thomas Wolf Ende Januar 2013 auf neue Tabus in Deutschland hin: „Wo es einst um die Utopie von einer Welt ohne Repressionen ging, herrscht heute eine Atmosphäre der Unterstellung und Verdächtigung, der Anpasserei und des Duckmäusertums, gegen die der angebliche Mief der 50er-Jahre wie Frischluft anmutet ... Statt zu Offenheit und Toleranz führt Politische Korrektheit zu Feigheit und Anpassertum" (Wolf 2013).

Gerade in einer Zeit der neuen Feigheit und des Anpassertums brauchen wir neu die Tugend der Tapferkeit.

Wie wird man mutig?

Mut wächst durch Überzeugungen. Wir brauchen Werte, für die es sich lohnt mutig zu sein. Wer als Christ mutig sein will, braucht einen Blick für das, was Gott wichtig ist. Den bekommt er durch Beschäftigung mit seinem Wort. Er braucht ebenso einen wachen Blick für seine Umwelt. Es gibt viele Gelegenheiten, um im Alltag Mut zu beweisen: Da ist z. B. die überforderte Hausfrau und Mutter, die sich jedem einzelnen Tag neu stellt, weil sie für ihre Kinder verantwortlich ist – und das, obwohl

Tapferkeit

sie keine Lobby hat. Oder da sind die vielen kleinen Situationen, in denen wir der Lüge entgegentreten und uns mutig vor Schwache stellen können, die niemanden haben, der für sie eintritt. Wenn wir im Kleinen Tapferkeit üben, wird uns der Mut im Großen leichter fallen.

Tapferkeit ist schön

Kaum etwas beeindruckt und bewegt Menschen so nachhaltig, wie eine mutige und gerechte Tat. Schon Aristoteles hat auf die Schönheit des Mutes hingewiesen: „Man soll aber nicht aus Zwang mutig sein, sondern darum, weil es sittlich schön ist" (*NE* III,11,1116b18). Auch Thomas von Aquin stellt fest, dass „Schönheit jeder Tugend zukommt" (*STh* II-II, q. 141, a. 2 ad 3). Auch Tapferkeit ist deshalb nichts Lebensverneinendes und Verdrießliches, sondern etwas Schönes, was letztlich zur Freude führt.

Als Christus sein Leben für uns opferte – die mutigste Tat, die jemals geschehen ist – hatte er ein Ziel vor Augen: die „vor ihm liegende Freude". Dies gab ihm die Kraft durchzuhalten. Und die Bibel fordert uns auf, uns daran zu orientieren: „Indem wir hinschauen auf Jesus, den Anfänger und Vollender des Glaubens, der um der vor ihm liegenden Freude willen die Schande nicht achtete und das Kreuz erduldete und sich gesetzt hat zur Rechten des Thrones Gottes" (Hebr 12,2).

Und dieser Christus, der jetzt zur Rechten Gottes sitzt und sich für uns verwendet (Röm 8,34), ruft uns zu: „In der Welt habt ihr Bedrängnis (LUT: habt ihr Angst); aber seid guten Mutes, ich habe die Welt überwunden" (Joh 16,33).

Zum Handeln und Einüben

- Denken Sie zurück: In welcher Situation der vergangenen Jahre hätten Sie Mut zeigen können und haben es nicht getan?

- Überlegen Sie: Was hat Sie davon abgehalten, tapfer zu handeln?
- Stellen Sie sich neu den alltäglichen Herausforderungen und üben Sie dort Tapferkeit im Kleinen ein!

Ralf Kaemper

Literatur

Aristoteles *Nikomachische Ethik* (NE).
Benedikt XVI. 2010. *Licht der Welt*. Freiburg: Herder.
Hoye, William J. 2010. *Tugenden*. Ostfildern: Grünewald.
Lewis, Clive Staples 1975. *Dienstanweisung an einen Unterteufel*. Freiburg: Herder.
Pieper, Josef 1964. *Das Viergespann*. München: Kösel.
Thomas von Aquin. *Summe der Theologie* (STh).
Wolf, Thomas 2013. Political Correctness – KLAPPE ZU!, *FOCUS-MONEY* Nr. 6. http://www.focus.de/finanzen/news/political-correctness-klappe-zu_aid_908582.html (abgerufen am 06.01.2014).

4
Besonnenheit

Wohl kaum eine Tugend wurde so missverstanden und lächerlich gemacht wie die Tugend der Besonnenheit, die manchmal mit Keuschheit gleichgesetzt wurde. Je nach Übersetzungsvariante des griechischen Begriffs *sophrosyne* erscheint diese Tugend nämlich entweder als sehr altmodisch oder als sehr zeitgemäß: „Keuschheit" klingt recht altbacken, aber „Selbstbeherrschung" ist hochaktuell und wichtig für das Überleben und die Karriere. Wir wählen hier das Wort „Besonnenheit" und meinen damit die vernunftgemäße Mäßigung der Begierden und Leidenschaften.

Ein fataler Irrtum

Zunächst ist ein Irrtum aufzuklären: Keuschheit und (sexuelle) Enthaltsamkeit, die eigentlich nur *eine* mögliche Ausprägung der Tugend der Besonnenheit sind, wurden lange Zeit fast synonym für diese Tugend benutzt. Die tragische Konsequenz: Man sah von dem ganzen Reichtum der Tugenden *nur* noch die Keuschheit und sexuelle Enthaltsamkeit. Dies hing auch mit dem Frauenbild früherer Generationen zusammen: Von den vier Kardinaltugenden Klugheit, Gerechtigkeit, Mut und Besonnenheit sah man die ersten drei Tugenden eigentlich nur beim Mann: Der Frau traute man weder Klugheit noch Mut zu, und da sie keine öffentlichen Ämter wahrnahm, spielte Gerechtigkeit für sie keine Rolle. So blieb für sie nur noch die Tugend der Mäßigung, die man in erster Linie in der Keuschheit verwirklicht sah. Mit anderen

Worten: Im allgemeinen Sprachgebrauch verstand man unter einer tugendhaften Frau vor allem eine keusche Frau, was sich in Wendungen wie „sie bewahrte ihre Tugend" widerspiegelte. Der katholische Philosoph Josef Pieper wies schon 1936 auf dieses fatale Missverständnis hin: „Die Tugend der Mäßigung, in ihren typischen Formen der Keuschheit und der Enthaltsamkeit, wurde für das christliche Gemeinbewusstsein *der* hervorstechende und alles andere beherrschende Zug des christlichen Menschenbildes" (Pieper 1940 :47). So setzte sich in vielen Köpfen folgende – falsche! – Gleichungskette fest:

christlich = tugendhaft = keusch = langweilig

In dieser Kette ist jedes Gleichheitszeichen unzutreffend. Aber diese falsche Gleichsetzung führte dazu, dass Abhandlungen über Mäßigung oft muffig daherkommen ohne „erfrischende Atemluft" (Pieper 2008 :192).

Was diese Tugend wirklich meint

Mäßigung, so würde Aristoteles sagen, ist die gelungene Gratwanderung zwischen Unmäßigkeit und Sprödheit bei den leiblichen Gelüsten (NE II,7 1107b), und das hieß für ihn „beim Essen, beim Trinken und dem nach der Aphrodite genannten Genuss" (NE III,13 1118b). Diese drei Tätigkeiten entsprechen der Urform des Genießens. Und das ist gut so! Denn durch Essen und Trinken erhält der einzelne Mensch sich, und durch den Geschlechtsverkehr wird die Menschheit an sich erhalten. Daher ist es für den Bestand der Menschheit hilfreich, dass diese drei Tätigkeiten mit Genuss verbunden sind. „Der naturhafte Drang zum sinnlichen Genuss, in der Lust an Speise und Trank und in der Geschlechtslust, ist das Echo und der Spiegel der stärksten naturhaften Bewahrungskräfte des Menschen" (Pieper 2008 :189). Es ist also gut, dass es einen zu diesen Tätigkeiten hindrängt. Aber da dieser Drang so stark ist, muss man ihn auch besonders gut zügeln. Wer gar nichts isst, stirbt bald; wer maßlos isst, stirbt früher als nötig. Ein Volk ohne Geschlechtsverkehr stirbt aus; ein Volk mit ungezügelter Promiskuität geht ebenfalls zugrunde.

Der Ausdruck *sophrosyne* wurde aber im klassischen Griechisch nicht nur im Hinblick auf die drei Ur-Begierden verwendet. Es ging grundsätzlich um eine angemessene Mäßigung aller Leidenschaften, wie zum Beispiel Zorn und Erregung (siehe z. B. Mk 5,15, Lk 8,35).

Bei Besonnenheit/Mäßigung geht es um maßvollen Genuss, der weder einem selbst noch einem anderen schadet. „Es geht nicht darum, nicht zu genießen oder möglichst wenig zu genießen. Das wäre nicht Tugend, sondern Tristesse, nicht Mäßigung, sondern Kasteiung, nicht Maßhalten, sondern Verklemmtheit" (Comte-Sponville :53). Es geht darum, dass wir Herr unserer Genüsse sind, anstatt zu ihren Sklaven zu werden.

> Aristoteles: Mäßigung ist die gelungene Gratwanderung zwischen Unmäßigkeit und Sprödheit bei den leiblichen Gelüsten.

Besonnenheit in der Bibel

Die griechischen Substantive *sophrosyne* bzw. *sophronismos* für Besonnenheit finden sich viermal im Neuen Testament: 1. Timotheus 2 weist die Frauen an, „sich mit Schamhaftigkeit und Besonnenheit zu schmücken" (V. 9) und „in Glauben und Liebe und Heiligkeit mit Besonnenheit" zu bleiben (V. 15).[1] Paulus betont gegenüber Festus, dass er „Worte der Wahrheit und Besonnenheit redet" (Apg 26,25). Und 2. Timotheus 1,7 beschreibt den Geist Gottes als „Geist der Kraft und der Liebe und der Besonnenheit". Die beiden letztgenannten Stellen benutzen Besonnenheit im Sinne von „gesundem Verstand", „angemessenem Denken".

Das Adjektiv *sophron* (besonnen) und seine Ableitungen tauchen ein Dutzend Mal im Neuen Testament auf, davon allein sechsmal in den ersten beiden Kapiteln des Titusbriefs: Ein Gemeindeaufseher soll besonnen sein (1,8, siehe auch 1Tim 3,2f.), ebenso die alten Männer

(2,2), die jungen Frauen (2,5) und die jungen Männer (2,6); die alten Frauen wiederum sollen die jungen Frauen zur Besonnenheit anleiten (2,4); und zuletzt sind alle Christen aufgerufen, „die weltlichen Begierden zu verleugnen und besonnen ... zu leben" (2,12). Besonnen zu sein bedeutet hier, sich nicht von seinen Begierden beherrschen zu lassen (siehe auch Röm 6,12, Eph 4,22, 1Petr 1,14 u. v. m.). Andererseits lehnt das Neue Testament auch eine falsche Askese ab: Die Anweisungen „Berühre nicht, koste nicht, betaste nicht" (Kol 2,21), „sich von Speisen zu enthalten, die Gott geschaffen hat", sowie nicht „zu heiraten" (1Tim 4,3) werden als Scheinfrömmigkeit entlarvt (Kol 2,23; 1Tim 4,2). Psalm 104,15 spricht ungezwungen vom „Wein, der des Menschen Herz erfreut". Prediger 9,7 fordert auf: „Iss dein Brot mir Freude und trink deinen Wein mit frohem Herzen!", und fährt dann fort: „Genieße das Leben mit der Frau, die du liebst" (V. 9). Eine klare Aufforderung zum Genuss beim Essen, beim Trinken und beim Sex in der Ehe.

Mäßigung im biblischen Sinne bedeutet ein maßvoller Genuss von Gottes Gaben im Rahmen von Gottes guter Ordnung.

Zum Handeln und Einüben

- *Mäßigung ist eine Tugend für den Alltag.* Während Tapferkeit eine Tugend für Ausnahmesituationen ist, lebt die Mäßigung von der Regelmäßigkeit. Man lebt nicht dann besonnen, wenn man sich *einmal* zurückhält, sondern nur dann, wenn man sich in der Regel mäßigt, sozusagen regelmäßig.
- *Zeitweise bewusst auf gewisse Genüsse verzichten.* „Die Mäßigung ist eine Tugend für alle Zeiten, doch am nötigsten ist sie für die fetten" (Comte-Sponville :57). Essen, Getränke und Sex sind bei uns (fast) überall und jederzeit käuflich zu erwerben. Der Überfluss, in dem wir leben, verleitet zum unmäßigen Genuss, einfach weil wir es können. Wer zeitweise auf gewisse Genüsse verzichtet, wie z. B.

Besonnenheit

Alkohol, Süßigkeiten, Fleisch, hat einen zweifachen Gewinn: Erstens kommt er/sie nicht in eine Abhängigkeit von diesen Dingen. Zweitens stärkt der zeitweilige Verzicht den Genuss: Wer nach einer Pause das erste Mal wieder Schokolade isst oder ein Glas Wein trinkt, erlebt den Geschmack wieder ganz besonders.

Ziel dieses Trainings ist es, mit Comte-Sponville (:53) sagen zu können: „Welches Unglück, seinem Körper unterworfen zu sein! Welches Glück, ihn zu genießen und zu beherrschen!" Die Lust dieser Tugend besteht gerade darin, dass man Lust bewusst genießt und nicht von ihr beherrscht wird.

Volker Kessler

Anmerkung

[1] ELB übersetzt in Vers 9 u. 15 *sophrosyne* mit „Sittsamkeit" statt „Besonnenheit".

Literatur

Aristoteles. *Nikomachische Ethik*. Buch III, Kap. 13–15.
Comte-Sponville, André 1996. *Ermutigung zu einem unzeitgemäßen Leben. Ein kleines Brevier der Tugenden und Werte*. Reinbek: Rowohlt. Kap. 4: Die Mäßigung.
Höffe, Otfried 2007. *Lebenskunst und Moral. Oder macht Tugend glücklich?* München: C. H. Beck. Kap. 10.1: Besonnenheit.
Pieper, Josef 1940. *Über das christliche Menschenbild*. Leipzig: Jakob Hegner. S.46-54.
Pieper, Josef 2008. *Über die Tugenden: Klugheit, Gerechtigkeit, Tapferkeit, Maß*. 2. Aufl. München: Kösel. Kap. 4: Maß.

5
Demut

Demut – ein Wort wie aus der Zeit gefallen. „Demut ist eine Provokation für das Selbstverständnis des modernen Menschen", heißt es in einer 5-teiligen Serie im SPIEGEL (Menke). Unsere spontanen Assoziationen zu Demut lassen diese Tugend nicht unbedingt erstrebenswert erscheinen: „Den unteren Weg gehen", „sich übervorteilen lassen", „zurückhaltend sein", „sich selbst erniedrigen" usw. Geht es darum bei dieser Tugend wirklich? Heute entsteht eine neue Sehnsucht nach Werten – und auch nach Demut. Nach den großen Wirtschafts- und Finanzkrisen, in denen Gier, Maßlosigkeit und Machtstreben offensichtlich wurden, sprechen Menschen des öffentlichen Lebens häufig von Demut (siehe z. B. Menke). Es kommt gut an, wenn ein erfolgreicher Sportler bescheiden auftritt und den Mannschaftsgeist lobt oder wenn ein Künstler anderen dankt, die ihn zu dem gemacht haben, was er ist, oder wenn ein Politiker auf Selbstrechtfertigungen verzichtet und eine Niederlage offen einräumt.

Demut in der Philosophie

In der Antike findet sich überwiegend Kritik an der Demut (*tapeinophrosyne*).[1] Aristoteles kennt diese Tugend gar nicht. Ihm geht es eher um die *Sanftmut* (*praotes*) (NE IV,11). Sie wird unter dem Aspekt des *Mangels* und *Übermaßes* als Mitte zwischen einer zu geringen Sanftmut (Unempfindlichkeit) und einer zu großen Erregbarkeit (Jähzorn) bestimmt.

Demut

Der Stoiker *Epiktet* (50–125 n. Chr.) verurteilt Demut als eine aus *falscher Daseinsorientierung entspringende unterwürfige Gesinnung* (Epiktet, *Dissertationes* III,24,56). Sein philosophischer Ansatz war die Freiheit und Autonomie des Menschen, wozu die Demut gar nicht passte.

Plutarch (45–125 n. Chr.) hatte dem falschen, von Furcht bestimmten Gottesverhältnis vorgeworfen, dass es den Menschen *erniedrige* und *zerreibe* und deshalb noch schlimmer sei als Gleichgültigkeit und Gottlosigkeit (Plutarch, *Superstitio* 165B).

Demut: in der antiken Philosophie eine Untugend

Kelsos (2. Jh. n. Chr.) greift das Christentum direkt an[2]: „Wer sich (bei den Christen) erniedrigt, der erniedrigt sich ohne Haltung und Würde, indem er auf seinen Knien im Staube liegt und sich kopfüber aufs Gesicht wirft, in erbärmliche Kleidung gehüllt und sich mit Asche bestreuend" (Origenes, *Contra Celsum* VI,15).[3]

Zwar wird auch das Gegenteil, die Überhebung, die Anmaßung gegenüber den Göttern (griech. *hybris*, lat. *superbia*), getadelt, aber Demut wird nicht als Tugend erkannt. (Später wird Hochmut bekanntlich als eine der sieben Todsünden aufgeführt, Demut entsprechend als eine der Kardinaltugenden.)

Von dem großen Kirchenvater *Augustin* (354–430) stammt die grundlegende Einschätzung, dass man die *wahre Demut umsonst in den heidnischen Büchern* suche.[4] *Auch dort, wo man den besten Moralpredigern begegne, finde man diese Tugend nicht. Der Weg dieser Demut stammt von einer anderen Seite, von Christus; er stammt von dem, der, da er hoch stand, in Demut erschien.* Für Augustin ist Demut daher die *Mutter aller Tugenden*. Augustins Einfluss auf das Denken der frühen und späten mittelalterlichen Kirche kann nicht hoch genug eingeschätzt werden.

Spätestens seit der Aufklärung wird Demut als Wert gering geachtet. Besonders *Fr. Nietzsche* (1844–1900) bewertet die Moral neu und versucht sie *jenseits von Gut und Böse* zu verorten. Für ihn ist das christliche Ethos Ausdruck einer verkorksten Gesinnung und die *Sklavenmoral* unmündiger Mucker (Nietzsche 1886 & 1887).

Fazit: In der antiken und modernen Philosophie wird Demut durchweg als *Schwäche* des Menschen gedeutet und daher nicht als erstrebenswerte Tugend gesehen. Wie ist es im biblischen Verständnis?

Demut im biblischen Verständnis

In der Bibel wird in der Beugung eines Menschen unter Gottes Autorität keine Selbstentwürdigung des Menschen gesehen. Im Gegenteil: Wer dies tut, wird leben und gesegnet sein. Wer Gottes Autorität anerkennt, nimmt keinen Schaden, sondern gewinnt das Leben.

Programmatisch ist der biblische Satz: „Den Hochmütigen stellt sich Gott entgegen, aber den Demütigen gibt er Gnade" (1Petr 5,5). Er geht auf Sprüche 3,34 zurück. In der alttestamentlichen Weisheitsliteratur wird Demut als die bessere Lebensalternative beschrieben. Sie ist das Gegenteil von Hochmut, Arroganz und Selbstüberschätzung des Menschen.

> Mangelnde Demut ist Selbstüberschätzung der eigenen Fähigkeiten und Möglichkeiten.

In 1. Samuel 2,1-10 stellt *Hanna* die *Starken* (V. 3-4), die sich auf ihre eigene Kraft verlassen und Gott gegenüber trotzig sind, in Gegensatz zu den *Schwachen* (V. 4). Diese sind gar nicht schwach, sondern *umgürtet mit Stärke*, während der Bogen der Starken zerbrochen wird und ihre Ehre dahin ist. Alles wird letztlich umgekehrt, weil Gott arm und reich macht: *„Er erniedrigt und erhöht"* (V. 7). Mangelnde Demut ist Selbstüberschätzung der eigenen Fähigkeiten und Möglichkeiten. Demut erkennt Gott an.

Micha fasst seine Ethik so zusammen: „Es ist dir gesagt, Mensch, was gut ist, und was der HERR von dir fordert, nämlich Gottes Wort halten, Liebe üben und *demütig sein vor deinem Gott*" (Mi 6,8, LUT).

Maria preist in ihrem berühmten *Magnificat* Gott als den, der „die zerstreut, die hochmütig sind in ihres Herzens Sinn", der aber *„die Niedrigen erhebt"* (Lk 1,51f.). Sie selbst empfindet sich als eine Magd,

Demut

die von Gott erwählt und erhöht wird! Sie kann es nicht fassen, dass ausgerechnet sie, die in ihren Augen keine Voraussetzungen mitbringt, erhöht wird.

Mit hoch und niedrig ist in der Bibel immer beides gemeint: Gesinnung und Verhalten! Wenn *Mose* in 4. Mose 12,3 als *ein sehr demütiger Mann* bezeichnet wird, „mehr als alle Menschen auf dem Erdboden", dann wird deutlich, dass eine Gesinnung gemeint ist, die sich im konkreten Verhalten auswirkt. Wer – wie Mose – ein Volk, das dauernd nörgelt und sich gegen ihn auflehnt, in Geduld trägt, kann nur als demütig bezeichnet werden. Wer auf den Lohn seines Lebens – das Einnehmen des verheißenen, gelobten Landes – verzichten muss, der kann nur als demütig bezeichnet werden. Wer – wie Mose – „lieber mit dem Volk Gottes zusammen misshandelt" wird als „eine Zeit lang den Genuss der Sünde zu haben" (Hebr 11,25, LUT), der kann nicht anders als demütig bezeichnet werden. Insofern ist Mose in dieser Hinsicht ein Typus auf Christus hin.

> Demut ist die Voraussetzung für Liebe, die den anderen sieht und ihm Gutes tut.

Demut ist im Neuen Testament kein abstrakter Wert, sondern eine in dem großartigen *Vorbild Christi* begründete Tugend.

Jesus selbst bezeichnet sich in Matthäus 11,29 als „sanftmütig und von Herzen demütig". Von ihm sollen wir lernen. Sein Joch – eine Metapher für Herrschaft – ist sanft und seine Last ist leicht. Diese Herrschaft erniedrigt, unterdrückt und zerstört nicht, sondern ermöglicht es dem Menschen zu leben und richtet auf. Herrschaft, die unterdrückt, Menschen klein macht und zerstört, ist nicht von Jesus! Fromme Lasten, die schwer sind, Joche, die aufreiben, kommen nicht von Jesus.

Der Christushymnus in Philipper 2,5-11 beschreibt paradigmatisch das Kommen Jesu in die Welt, seine Gesinnung und sein Verhalten: „Er erniedrigte sich selbst" (V. 5).

Diese Gesinnung, dieses Vorbild, soll den Christen ihrerseits als Handlungsanweisung dienen, indem „jeder nicht auf das Seine sieht, sondern auf das, was des andern ist" (Phil 2,4). Demut impliziert einen Wechsel der Perspektive, weg von dem Drehen um sich selbst hin zu dem, was den anderen meint. Demut ist die Voraussetzung für Liebe, die den anderen sieht und ihm Gutes tut.

In den Evangelien findet sich der Grundsatz: „Wer sich selbst erhöht, der wird erniedrigt werden, und wer sich selbst erniedrigt, der wird erhöht werden" (Lk 14,11; vgl. Mt 23,12 und 20,25-28).

Konkret und konsequent wird dieser Grundsatz vor allem auf Leiter der Gemeinde angewandt und von ihnen gefordert. Petrus fordert die Gemeinde am Ende seines ersten Briefes auf, sich gegenseitig mit Demut zu bekleiden. Für die Hirten der Gemeinde bedeutet das, auf alles Imponiergehabe und auf Einschüchterungsversuche zu verzichten, nicht über die Herde zu herrschen, sondern ihr zu dienen. Für die Gemeinde bedeutet es, ihre Hirten zu lieben und sie zu ehren.

Nur so kann man damit rechnen, dass Gott gnädig ist und nicht den Hochmütigen widerstehen muss (1Petr 5,5).

Die Schönheit der Demut in unserer Zeit neu zu entdecken, ihre Kraft und Freiheit zu leben, das ist eine Herausforderung, die Lust auf gutes Leben machen kann.

Zum Handeln und Einüben

Demut ist keine Schwäche, sondern Stärke. Sie ist keine Entwürdigung, sondern Ausdruck von Würde im freiwilligen Verzicht auf Macht. Konkret geht es darum, Demut zu lernen. Jesus fordert uns ausdrücklich auf, von ihm zu lernen: „Lernt von mir, denn ich bin … von Herzen demütig" (Mt 11,29). Wie kann das aussehen? Drei Tipps:
- Tue konkret etwas Gutes, was keiner sieht und über das du nicht sprichst.
- Verzichte darauf, bei anderen dauernd zu erzählen, was du alles Gutes getan hast und tust.
- Suche Kontakt zu Menschen, die sich nicht für deine Zeit, Zuwendung und Großzügigkeit revanchieren können, und lade sie ein.

Wenn man ehrlich ist, wird man schnell bemerken, wie schwer es ist, demütig zu sein. Aber es lohnt sich, denn es ist die Tugend, die Jesus am ähnlichsten ist (Phil 2,5-11).

Horst Afflerbach

Anmerkungen

1 Vgl. zur Beurteilung der Tugend die umfangreichen Forschungsergebnisse der TRE (Preuß, 1993) sowie den Artikel Humiliatio, humilitas des Augustinus-Lexikons auf der Homepage des Zentrums für Augustinusforschung in Würzburg (Augustinus-Lexikon 2014).
2 Auch wenn sein Werk in der Originalschrift nicht mehr erhalten ist, kann es aus der berühmten Gegenschrift des Kirchenvaters Origines, Contra Celsum, weitestgehend rekonstruiert werden.
3 Alle Zitate bei Feldmeier :160.
4 Diese Aussage wird oft zurückgeführt auf Cathrein, Victor 1932.

Literatur

Aristoteles. *Nikomachische Ethik* (NE).
Baumann, Notker 2009. *Die Demut als Grundlage aller Tugenden bei Augustinus*. Reihe: Patrologia – Beiträge zum Studium der Kirchenväter – Bd. 21. Frankfurt am Main u. a.: Peter Lang.
Feldmeier, Reinhard 2005. *Der erste Brief des Petrus*. Theologischer Handkommentar zum Neuen Testament 15/I (Hrsg. Jens Herzer und Udo Schnelle). Leipzig: Evangelische Verlagsanstalt.
Menke, Birger 2012. Wiederkehr der Demut: Ergebt euch. In *Spiegel Online* 2.5.2012. http://www.spiegel.de/panorama/gesellschaft/demut-die-wiederkehr-der-werte-a-829604.html (abgerufen am 18.02.2013).
Nietzsche, Friedrich 1886. *Jenseits von Gut und Böse – Vorspiel einer Philosophie der Zukunft*, Kritische Studienausgabe 5 (KSA 5). München, Berlin, New York: DTV, De Gruyter.
Nietzsche, Friedrich 1887. *Zur Genealogie der Moral – Eine Streitschrift*. KSA 5.
Preuß, Horst Dietrich u. a. 1993. Artikel „Demut". In: *Theologische Realenzyklopädie* (TRE) Bd. 8. Berlin, New York: Walter de Gruyter.

6

Nächsten- und Feindesliebe

Nächstenliebe ist wahrscheinlich das Stichwort, das Menschen am häufigsten einfällt, wenn man sie nach dem Wesen des Christentums und seinen wichtigsten Tugenden fragt. „Ich glaube an den Gott der Nächstenliebe", äußerte sich kürzlich eine bekannte Fernseh-Moderatorin in einem Interview. Schaut man auf die lange Geschichte des Christentums, dann kann man in der Tat – neben allen Verirrungen und dunklen Seiten, die nicht geleugnet werden sollen – gerade dieses Charakteristikum deutlich erkennen. Es waren häufig Christen, deren innovatives Engagement große gesellschaftliche Veränderungen eingeleitet hat, von denen wir noch heute profitieren.

Von ihrem Ethos her haben sich Christen – genauso wie ihr Vorbild Jesus von Nazareth – von Anfang an für diejenigen eingesetzt, die vom antiken Verständnis her Außenseiter waren und keinerlei Chance auf Aufnahme in die Gesellschaft hatten: Aussätzige, unheilbar Kranke, Waisen- und Findelkinder, „gefallene Frauen". Die ersten Krankenhäuser und Diakoniestationen wurden von Christen eingerichtet, was man heute kaum noch weiß. Auch große gesellschaftliche Durchbrüche der Humanität etwa im Blick auf die Sklaverei wurden von Christen initiiert. So hat der junge Abgeordnete im britischen Parlament, William Wilberforce (1759–1833), sein Leben für die Abschaffung der Sklaverei investiert (Metaxas 2012). August Hermann Francke (1663–1727) hat sich für nachhaltige Bildung und Fortschritt eingesetzt. Friedrich Wilhelm Raiffeisen (1818–1888) ist als deutscher Sozialreformer in die Geschichte eingegangen. Und Johann Heinrich Wichern (1808–1881), der Begründer der „Inneren Missi-

Nächsten- und Feindesliebe

on", dem heutigen evangelischen Diakonischen Werk, hat mit seinem „Rettungsdorf", dem „Rauhen Haus", gesellschaftliche Reformen eingeleitet, weil er Jugendlichen Heimat und Arbeit gegeben hat.[1] Sie alle haben – um nur einige wenige zu nennen – mit ihrer Tugend der Nächstenliebe die Welt nachhaltig zum Besseren verändert.

Nächstenliebe und Wohltätigkeit (Philanthropie) sind auch in unserer Zeit hoch angesehen. Es gibt beeindruckende Beispiele von Menschen, die sich für andere selbstlos einsetzen, die sogar ihr Leben aufs Spiel setzen, um andere zu retten. Unvergesslich die Erzieherin, die einem Kind, das während eines Waldspaziergangs in eine tiefe Höhle stürzte, hinterhersprang, um es zu retten. Solche Menschen werden zu Recht öffentlich ausgezeichnet und von vielen als Helden verehrt. Charity-Veranstaltungen stehen seit Jahren hoch im Kurs. Spenden-Galas werden im Fernsehen übertragen und generieren astronomische Summen für soziale Projekte der Nächstenliebe in aller Welt. Ob für Kinder oder für Flutopfer, für Kriegsflüchtlinge oder für aus religiösen Gründen Verfolgte – die Nächstenliebe leistet Hilfe, ohne lange zu fragen.

> Nächstenliebe und Wohltätigkeit: auch in unserer Zeit hoch angesehen – auf der anderen Seite: Ein Herz aus Stahl ist widerstandsfähiger als eine weiche Seele …

Auf der anderen Seite ist auch das harte Wirklichkeit: „Warum sollte ich meinen Nächsten lieben?", fragt ein junges Mädchen in einer Talkshow kalt. Den Nächsten zu lieben bringt nicht nur nichts, sondern ihn nicht zu lieben ist geradezu Ausdruck des Überlebenskampfes vieler geworden. Wer verletzt worden ist, muss sich hart machen, um sich zu schützen. Ein Herz aus Stahl ist widerstandsfähiger als eine weiche Seele. Sentimentale Äußerungen wie Nächstenliebe passen da nicht.

Und auch das trifft zu: In einer Gesellschaft, die schon vor 30 Jahren von dem Soziologen Christopher Lasch narzisstisch genannt wurde (Lasch 1988), denkt jeder in erster Linie nur an sich selbst. Und Feindesliebe gar scheint überhaupt kein Thema zu sein – weder in der Antike noch in unserer Gesellschaft. Sie ist schlicht unmöglich, unattraktiv und ungerecht.

Philosophie und Geschichte

Nächstenliebe im christlichen Sinn wird in der antiken Philosophie nicht gefordert. Das höchste Ziel des Menschen ist für *Aristoteles*, das Gute und Beste zu erreichen, die Glückseligkeit (*Eudämonie*) (*NE* I,1). Davon abgeleitet kann man seine Konzeption der Selbstliebe (IX,4.7) verstehen. Erst wer sich selbst liebt, kann dem anderen gut begegnen. Das Selbst verdoppelt sich quasi im anderen. Das eigene Ich erweitert sich in der Freundschaft. Hier liegen Zielrichtung und Begrenzung aristotelischer Ethik der Liebe. Die *philia* bei Aristoteles ist mit der christlichen Nächstenliebe nicht zu vergleichen, weil sie nur zu den Wenigen aufgebaut werden kann, zu denen man ein gutes Verhältnis hat.

Menschenfreundlichkeit (*Philanthropie*) gibt es in der antiken Philosophie schon. Sie ist eine allgemeine freundliche Haltung anderen gegenüber. Selbst ein Trinkgeld kann als solche verstanden werden. Für gebildete Römer ist Menschlichkeit (*Humanitas*) eine Tugend, die Aufschluss über Bildung, Kultiviertheit und allgemeines Wohlwollen gibt. Cicero besteht darauf, anderen Völkern gegenüber Menschlichkeit zu zeigen.

Am häufigsten ist die Philanthropie bei *Plutarch* (45–125 n. Chr.) zu finden. Er stellt sie an die Spitze der Tugenden und beschreibt viele Verhaltensweisen, die dem Menschen förderlich sind. Höflichkeit und Großzügigkeit gehören ebenso dazu wie der bürgerfreundliche Staat, den er vom barbarischen unterscheidet, der keine Menschlichkeit kennt.

Dass unter Heiden Menschenfreundlichkeit und Nächstenliebe bekannt waren, zeigt uns auch das Neue Testament. In Apostelgeschichte 28,2 berichtet Lukas, wie die Eingeborenen der Insel Melite (vermutlich Malta) Paulus und den anderen Schiffbrüchigen eine ungewöhnliche Menschenfreundlichkeit (*Philanthropie*) erwiesen.

Als *Humanismus* bezeichnet man die Weltanschauung, die auf die abendländische Philosophie zurückgreift und die Würde des Menschen betont sowie für Toleranz und Freiheit einsteht. Dazu gehört auch der selbstlose Einsatz für den anderen, der in Not geraten ist. Der *Altruismus* muss ebenso erwähnt werden. Der Begriff wurde von Auguste Comte, einem der Mitbegründer der Soziologie, als Gegensatz zum Egoismus eingeführt und bezeichnet Verhaltensweisen, die dem anderen zugutekommen. Humanistische und altruistische Einstellungen sind weltweit und in fast allen Kulturen und Religionen ähnlich erkennbar.

Immanuel Kant (1724–1804) begründet die Nächstenliebe als universale Solidaritätsbekundung allen Menschen gegenüber mit seinem berühmten kategorischen Imperativ: „Der kategorische Imperativ ist also nur ein einziger und zwar dieser: Handle nur nach derjenigen Maxime, durch die du zugleich wollen kannst, dass sie ein allgemeines Gesetz werde" (Kant :421). Weil Menschsein auf anderes Menschsein angewiesen ist, ist Solidarität letztlich Pflicht.

> Kant: „Handle nur nach derjenigen Maxime, durch die du zugleich wollen kannst, dass sie ein allgemeines Gesetz werde."

Gegen die Nächsten- und Feindesliebe hat sich dagegen Friedrich Nietzsche (1844–1900) gewandt und Siegmund Freud (1856–1939) hat in ihr schlicht eine Überforderung des Menschen gesehen (Freud :132).

Bibel

Der Begriff der Nächstenliebe, wie wir ihn kennen, stammt aus einem Gebot der Thora (3Mo 19,18 EÜ): „An den Kindern deines Volkes sollst du dich nicht rächen und ihnen nichts nachtragen. Du sollst deinen Nächsten lieben wie dich selbst. Ich bin der HERR (JHWH)."

Das Doppelgebot der Liebe zeigt den Kern christlichen Glaubens: Gott zu lieben von ganzem Herzen und seinen Nächsten wie sich selbst (Mk 12,31-34, nach 5Mo 6,5; 3Mo 19,18), ist nach Jesus das wichtigste Gebot, in dem alle anderen Gebote und die gesamte Botschaft der Propheten zusammengefasst sind (Mt 22,35-40; Lk 10,25-28). Und weil Gottes Liebe allen Menschen gilt, gilt die Nächstenliebe auch allen Menschen, sogar den Feinden. Im Lukasevangelium erzählt Jesus die Geschichte vom barmherzigen Samariter, um zu zeigen, dass es keine Ausrede gibt, seinen Nächsten zu lieben, selbst dann nicht, wenn er ein Feind – hier ein Jude, der von einem Samariter (Feind) gepflegt wird – ist (Lk 10,29-37).

Der Begriff der Philanthropie – Menschenliebe – ist uns auch aus der Bibel vertraut. Im Neuen Testament kommt das Substantiv *philanthropia* zweimal vor (Apg 28,2 und – mit Bezug auf Christus – Titus 3,4), *philanthropos* (als Adverb) einmal (Apg 27,3), und auch in der Septuaginta, der altgriechischen Übersetzung des AT, wird das Wort *philanthropia* verwendet. Diese Haltung spiegelt Gottes Wesen wider (Tit 3,4).

Die Bibel: Gott lieben von ganzem Herzen und seinen Nächsten wie sich selbst

Johannes zeigt in seinen Briefen und in seinem Evangelium, dass alle Menschen-, Nächsten- und Feindesliebe ihren Ursprung letztlich in Gott hat und nicht in uns. „Die Liebe ist von Gott" (1Joh 4,7). Bis zu einem gewissen Grad können alle Menschen lieben. Aber echte Liebe weitergeben kann letztlich nur derjenige, der sich von Gott selbst geliebt weiß und in dessen Herzen „die Liebe ausgegossen ist" (Röm 5,5). Daher die Schlussfolgerung: „Lasst uns lieben, denn er hat uns *zuerst* geliebt" (1Joh 4,19). Und damit es keine Missverständnisse über die Notwendigkeit tätiger Nächstenliebe gibt, betont Johannes „Wer nicht liebt, kennt Gott nicht" (1Joh 4,8) und ermutigt sogar, dass wir unser „Leben für die Brüder hingeben" (1Joh 3,16). Es gibt keine „größere Liebe" (Joh 15,13). Dass das auf den Bruder/die Schwester zutrifft (1Joh 2,9-11), mag man noch nachvollziehen. Wie sieht es aber mit der Feindesliebe aus? Kann und soll man sie leben? Bei der Feindesliebe spürt jeder eine natürliche Grenze, die nur durch eine andere Kraft überwunden werden kann. Die Liebe Gottes zeigt ihre grenzüberwindende Kraft gerade an Sündern und Feinden: „Gott erweist seine Liebe zu uns ... als wir noch *Sünder* waren ... als wir

Nächsten- und Feindesliebe

noch *Feinde* waren" (Röm 5,8.10). So wird im NT die Feindesliebe als reinste und stärkste Form der Gottesliebe bezeichnet. Jesus betet sogar noch für seine Feinde am Kreuz: „Vater, vergib ihnen! Denn sie wissen nicht, was sie tun" (Lk 23,34) und der erste Märtyrer der christlichen Kirche, Stephanus, tut es ihm gleich: „Herr, rechne ihnen diese Sünde nicht an!" (Apg 7,60). Paulus verlangt, dass „ihr segnet, die euch verfolgen" (Röm 12,14).

Hier wird am deutlichsten der Unterschied zu einer allgemeinen antiken Ethik erkennbar, die Feindesliebe nicht kennt. Die christliche Nächsten- und Feindesliebe durchbricht die Spirale des Bösen und überwindet den Hass. So lehrt Jesus in der Bergpredigt genau dies: „Ihr habt gehört, dass gesagt worden ist: Du sollst deinen Nächsten lieben und deinen Feind hassen. Ich aber sage euch: Liebt eure Feinde und betet für die, die euch verfolgen, damit ihr Söhne eures Vaters im Himmel werdet; denn er lässt seine Sonne aufgehen über Bösen und Guten, und er lässt regnen über Gerechte und Ungerechte. Wenn ihr nämlich nur die liebt, die euch lieben, welchen Lohn könnt ihr dafür erwarten? Tun das nicht auch die Zöllner? Und wenn ihr nur eure Brüder grüßt, was tut ihr damit Besonderes? Tun das nicht auch die Heiden? Ihr sollt also vollkommen sein, wie es auch euer himmlischer Vater ist" (Mt 5,43-48 EÜ).

> Bei der Feindesliebe spürt jeder eine natürliche Grenze, die nur durch eine andere Kraft überwunden werden kann.

Dass Feindesliebe Hass tatsächlich zu überwinden vermag, zeigt eindrücklich auch das zeitgenössische Beispiel Nelson Mandelas (1918–2013). Als er nach 28 Jahren aus dem Gefängnis entlassen wird, ruft er nicht zu Vergeltung, sondern zur Versöhnung auf und gibt ein eindrückliches und von Menschen weltweit hoch respektiertes Beispiel von der Macht der Feindesliebe, die Neues generiert: Versöhnung und die Überwindung von Hass und Gewalt.

Zum Handeln und Einüben

- Beten Sie einmal konkret für Menschen, die Sie gar nicht leiden können, und achten Sie darauf, was passiert.
- Tun Sie einem Menschen ein konkretes Werk der Liebe und achten Sie darauf, wie es ankommt. Tun Sie es nicht, um von Menschen gesehen zu werden.
- Überlegen Sie als Gemeinde, wie Sie Menschen in Ihrem Umfeld konkret Nächstenliebe erweisen können.
- Gönnen Sie sich die schöne Erfahrung, Ihrem Nächsten etwas (überraschend) Gutes zu tun. Lassen Sie es zu einer guten Angewohnheit und Tugend werden.

Horst Afflerbach

Anmerkungen

[1] Vgl. zu dem Ganzen: Schmidt 2009; Maier 2000; Brown 1996.

Literatur

Brown, Peter 1996. *Die Entstehung des christlichen Europa*. München: Beck.
Freud, Sigmund 1930. *Das Unbehagen in der Kultur*. Wien: Internationaler Psychoanalytischer Verlag.
Kant, Immanuel 1903. *Grundlegung zur Metaphysik der Sitten*. Kants Werke, Akademie Textausgabe. Nachdruck 1968. Berlin, New York: De Gruyter.
Lasch, Christopher 1988. *Das Zeitalter des Narzissmus*. München: DTV.
Maier, Hans 2000. *Welt ohne Christentum – was wäre anders?* Freiburg: Herder.
Metaxas, Eric 2012. *Wilberforce. Der Mann, der die Sklaverei abschaffte*. Holzgerlingen: SCM Hänssler.
Schmidt, Alvin J. 2009. *Wie das Christentum die Welt veränderte*. Gräfelfing: Resch.

7
Vergebungsbereitschaft

Gibt es Schuld, die nicht vergeben werden kann? Der französische Philosoph Vladimir Jankélévitch behauptet genau das. In seinem 1971 erschienenen Essay „Verzeihen?" („Pardonner?") behauptet er: „Die Verzeihung ist in den Todeslagern gestorben" (:271). Der Denker bezieht sich dabei auf die grausamen Verbrechen des Nationalsozialismus. Einer „ontologischen Bosheit, der teuflischsten und willkürlichsten Bosheit, welche die Geschichte je gekannt hat" (:249). Diese Verbrechen sind so unfassbar groß, dass es keine Verjährung und Buße dafür geben kann. „Es gibt keine Wiedergutmachung für das Nichtwiedergutzumachende", stellt Jankélévitch (:279) fest.

> Vladimir Jankélévitch: „Die Verzeihung ist in den Todeslagern gestorben."

Dabei wird gleich deutlich: Die Frage nach der Vergebung hängt zwingend mit der Frage nach der Schuld und Sünde zusammen. Vergebung macht nur Sinn, wenn es um Schuld geht.

Eine christliche Tugend

Die Tugend der Vergebung ist im Wesentlichen eine christliche Tugend. In der antiken Literatur gibt es nur wenig Aussagen dazu. Der griechische Philosoph Pittakos (gest. um 570 v. Chr.) erwähnt, dass Verzeihen besser sei als Strafe oder Rache. Für Aristoteles ist das verzeihlich (griech. *syngnomonika*), was jemand in und aufgrund von Unwissenheit getan hat (*NE* V,10 1136 a 5-9). Auch Fehler aus menschlicher Schwäche und Leidenschaft können Verständnis finden. Im Gegensatz dazu prägt die stoische Philosophie die Formel, dass der Weise nicht verzeiht (Bossmeier & Trappe). Ludger Oeing-Hanhoff hebt hervor, dass das Christentum „das Verzeihen in die Welt, in unsere Geschichte eingeführt hat" (:72): „Verzeihen einer wirklichen Schuld, die durch Reue, nicht durch Genugtuung getilgt wird, und die daher des liebenden Verzeihens würdig ist, scheint die vorchristliche griechische und lateinische Antike nicht zu kennen" (:71).

Das Christentum: der Erfinder der Vergebung

Auch im Vergleich der Religionen wird deutlich, dass Vergebung im Wesentlichen eine christliche Tugend ist. Der Kieler Philosoph Kurt Hübner weist darauf hin, dass der Islam von der Barmherzigkeit Gottes sprechen kann, aber die göttliche Gnade nicht kennt. „Die in der Gnade Gottes wirkende Liebe Gottes ist aber weit mehr als seine Barmherzigkeit, denn in dieser schenkt uns Gott zwar seine Hilfe, aber nur in der Liebe schenkt er uns Erlösung, indem er uns zu sich emporzieht" (Hübner :104). Gerade im Religionsvergleich zeigt sich, wie grundlegend das Verständnis von Schuld und Sünde für die Frage der Vergebung ist. So liegt für einen großen Teil des Buddhismus die Ursache für Leiden und Schuld in der Sinneswelt, die man durch Askese meiden soll. Für das Christentum liegt sie – viel tiefer – in der Sünde (Hübner :39).

Vergebung in der Bibel

Im Alten Testament wird Gott ausdrücklich als der beschrieben, „der Schuld vergibt und Vergehen verzeiht". Der Zorn Gottes kommt deutlich zum Ausdruck, aber: „Nicht für immer behält er seinen Zorn, denn er hat Gefallen an Gnade" (Mi 7,18). Dabei wird die Spannung von Gnade und Gerechtigkeit immer aufrechterhalten: „Der HERR, Gott, barmherzig und gnädig, langsam zum Zorn

Vergebungsbereitschaft

und reich an Gnade und Treue, der Gnade bewahrt an Tausenden von Generationen, der Schuld, Vergehen und Sünde vergibt, aber keineswegs ungestraft lässt, sondern die Schuld der Väter heimsucht an den Kindern und Kindeskindern, an der dritten und vierten Generation" (2Mo 34,6-7). Hier wird die Verhältnismäßigkeit zwischen Gnade und Strafe sichtbar: Gnade bewahrt Gott an Tausenden von Generationen; die Schuld sucht er „nur" bis zur vierten Generation heim.

Für das Neue Testament ist Vergebung zentral. Sie beschreibt die Mitte des Evangeliums. In Jesus Christus haben „wir die Erlösung durch sein Blut, die Vergebung der Vergehungen, nach dem Reichtum seiner Gnade" (Eph 1,7).

Dabei wird immer deutlich, dass Vergebung nicht nur einseitig von Gott her empfangen werden soll. Die geschenkte Vergebung soll weitergegeben werden: „Vergebt einander, so wie Gott in Christus euch vergeben hat" (Eph 4,32).

Auf die Frage von Petrus, wie oft man vergeben soll, antwortet Jesus mit dem Gleichnis vom unbarmherzigen Knecht. Es endet mit der deutlichen Warnung vor den Konsequenzen, „wenn ihr einander nicht von Herzen vergebt" (Mt 18,35).

Die Macht der Vergebung

Vergebung löst die verhängnisvolle Bindung der Schuld, auch auf der Seite des Opfers. Die Jüdin Eva Mozes Kor wurde zusammen mit ihrer Zwillingsschwester durch den Nazi-Arzt Joseph Mengele für Menschenversuche missbraucht. Diese grausame Erfahrung lähmte ihr Leben, machte sie hilfs- und hoffnungslos. Dann begegnete sie auf einer Tagung einem anderen Nazi-Arzt, Hans Münch. Spontan entschied sie sich, ihm zu vergeben. In einem Interview der Frankfurter Rundschau aus dem Jahr 2003 sagt sie dazu:

Plötzlich kam ich darauf, dass ich ihm einfach vergeben könnte, was er getan hatte, und in diesem Augenblick habe ich etwas ungeheuer Wichtiges verstanden: dass ich die Macht hatte, ihm zu vergeben. Das war eine unglaubliche Entdeckung! Das kleine Mengele-Versuchskaninchen, das sein ganzes Leben lang hilflos gewesen war, hatte plötzlich Macht! Die Vorstellung, dass ein Opfer für sein ganzes Leben machtlos bleibt, ist vielleicht das größte, das überwältigendste Problem, das es hat.

Eva Mozes Kor beschreibt die Folgen der Vergebung für ihr Leben so:

> Als ich mit dem Vergeben begonnen hatte, fiel eine Last von meinen Schultern, die ich fast 50 Jahre mit mir herumgetragen hatte. Die Vergebung schafft einfach die Möglichkeit, dass ein Opfer wieder zu jemandem wird, der kein Opfer ist. Der Schmerz verschwindet, und man ist einfach ein ganz normaler Mensch. Ein Überlebender hat das Recht zu vergeben.

Damit nimmt sie eine völlig andere Position ein als Vladimir Jankélévitch, der sagt „die Verzeihung ist in den Todeslagern gestorben". Sie wurde auch massiv kritisiert wegen der ausgesprochenen Vergebung – aber sie erlebte eine ungeheure Befreiung.

Warum fällt es so schwer zu vergeben?

Bei echter Vergebung geht es nicht um Kavaliersdelikte. Robert Spaemann (:248) schreibt zu Recht: „Wirkliche Verzeihung setzt wirkliche Verletzung voraus." Die Verletzung – die Schuld – hat etwas zerstört, auch beim Täter. „Die Ordnung, die durch den Menschen verletzt wurde, ist zugleich die Ordnung seiner Seele, und das, was zur Wie-

Vergebungsbereitschaft

derherstellung dieser Ordnung geschehen muss, dient so zugleich seiner eigenen Wiederherstellung. Er kann sich nicht selbst wiederherstellen. Er ist auf Verzeihung angewiesen" (:250).

Jacques Derrida, einer der bedeutendsten Philosophen der Postmoderne, geht noch weiter. Er sagt in einem Interview: „Das Vergeben verzeiht nur das Unverzeihbare. Man kann oder sollte nur dort vergeben, es gibt nur Vergebung – wenn es sie denn gibt –, wo es Unverzeihbares gibt. Was so viel bedeutet, dass das Vergeben sich als gerade Unmögliches ankündigen muss. Es kann nur möglich werden, wenn es das Un-Mögliche tut. ... Was wäre das für eine Verzeihung, die nur dem Verzeihbaren verziehe?" (in Gerl-Falkovitz :195). Hanna-Barbara Gerl-Falkovitz (:195) folgert daraus, „dass es Absolution nur im Absoluten gibt – nicht im Relativen menschlicher ‚Verrechnung'".

Jacques Derrida: „Das Vergeben verzeiht nur das Unverzeihbare."

Warum die Tugend der Vergebungsbereitschaft trotzdem möglich ist

Wenn wirkliche Verletzung, wenn wirkliche Schuld vorliegt, ist die Tugend der Vergebungsbereitschaft eine äußerst steile Forderung.

Wenn die Aussage stimmt, „dass es Absolution nur im Absoluten gibt" – d. h., dass die Befreiung von Schuld eine göttliche und keine natürlich menschliche Möglichkeit ist –, dann wird verständlich, warum diese Tugend im Altertum fast unbekannt war. Erst das Christentum bringt die gute Nachricht – das Evangelium –, dass Gottes Sohn Jesus Christus für unsere Schuld am Kreuz gestorben ist. Wir sind alle auf Gottes Vergebung angewiesen. Und weil Christus für unsere Schuld starb, ist Vergebung auch möglich. Davon leben wir als Christen – jeden Tag neu. Und diese Vergebung weiterzugeben, dazu fordert uns Jesus, der Herr, auf. Er kann dies nur tun, weil er es selber ermöglicht hat. Wir können lieben und vergeben, weil er uns zuerst geliebt hat und uns immer wieder seine Gnade und Vergebung schenkt.

Zum Handeln und Einüben

- Vergegenwärtigen Sie sich, was das Kreuz Christi für Sie bedeutet. Nehmen Sie die Vergebung Ihrer Schuld immer wieder neu in Anspruch. „Wenn wir unsere Sünden bekennen, so ist er treu und gerecht, dass er uns die Sünden vergibt und reinigt uns von jeder Ungerechtigkeit" (1Joh 1,9).
- Fragen Sie sich, wenn jemand an Ihnen schuldig wurde, ob diese Schuld nun Ihr Leben bestimmen und lähmen soll. Machen Sie sich dabei klar, dass Gott auch Ihnen unendlich viel vergeben hat und wird.
- Bitten Sie Gott um Kraft und Liebe zur Vergebung.

Ralf Kaemper

Literatur

Aristoteles, *Nikomachische Ethik* (NE).

Bossmeyer & Trappe 2001. Verzeihen; Vergeben. In: *Historisches Wörterbuch der Philosophie* (HWPh) Bd. 11. Basel: Schwabe.

Derrida, Jacques 2000. Das Jahrhundert der Vergebung. In *Lettre International* 48.

Gerl-Falkovitz, Hanna-Barbara 2008. *Verzeihung des Unverzeihlichen – Ausflüge in Landschaften der Schuld und der Vergebung*. Wien: Styra Verlag, Wien.

Hübner, Kurt 2003. *Das Christentum im Wettstreit der Weltreligionen*. J.C.B. Mohr, Tübingen.

Jankélévitch, Vladimir 2003. *Das Verzeihen – Essays zur Moral und Kulturphilosophie*. Frankfurt: Suhrkamp.

Kor, Eva Mozes 2003. Ein Überlebender hat das Recht zu vergeben. In *Frankfurter Rundschau*, 13.06.2003. http://www.gestalt-institut-frankfurt.de/download/Kor.pdf (abgerufen am 16.12.2013).

Oeing-Hanhoff, Ludger 1978. Verzeihen, Ent-Schuldigen, Wiedergutmachen. In *Giessener Universitätsblätter* 111; S. 68-80. http://geb.uni-giessen.de/geb/volltexte/2013/9801 (abgerufen am 8.1.2014).

Spaemann, Robert 1989. *Glück und Wohlwollen*. Stuttgart: Klett-Cotta, Stuttgart.

8
Treue

Frodo ist der eigentliche Held in Tolkiens „Herr der Ringe". Aber er ist nur deshalb erfolgreich, weil er treue Gefährten hat. Einer dieser Freunde ist Sam. Er muss Frodo am Ende sogar tragen, weil dieser keine Kraft mehr hat. Ohne den kleinen, unscheinbaren – aber treuen – Sam kann Frodo seine große Aufgabe nicht erfüllen.

Was gibt unserem Leben Stabilität? – Wir sind ständig Veränderungen ausgesetzt. Nicht nur die Umstände ändern sich. Auch wir selber verändern uns. Und unser Gegenüber auch. Die Tugend der Treue macht es möglich, dass Menschen und Gruppen trotz aller Veränderungen miteinander verbunden bleiben. Treue ist eine Kraft, die Zeit transzendiert. Sie überwindet Wandel und Vergehen und gibt unserer Vergänglichkeit einen Hauch von Ewigkeit.

Was ist Treue

Treue steht für Zuverlässigkeit, für dauerhaftes und zeitübergreifendes Verbundensein. Wer treu ist, der steht zum gegebenen Wort auch dann, wenn es für ihn ungünstig ist. Treue Menschen halten an einer Verantwortung fest, auch wenn Schaden oder Gefahr drohen. Treue geht damit weit über eine innere Haltung hinaus. Es geht um die Tat.

Damit erfüllt Treue auch eine wichtige soziale Funktion. Sie ermöglicht dauerhafte Verbindungen von Einzelnen und Gruppen. Nur so ist Gemeinschaft möglich. Wichtiger Bestandteil sind dabei häufig Versprechen, Vertrag, Gelübde oder Eid. Treue ist dabei wie ein unsichtbares Netz, das Menschen zusammenhält, ohne sie zu fesseln: „Sich für den anderen verantwortlich zu wissen; ihm nicht vorzuschreiben, wie er zu sein habe, sondern ihm Freiheit zu geben, dass er der sei, der er von ihm selbst her ist; ihm zu helfen, der zu werden, der er von seiner Wesenssendung her sein soll; ihn immer aufs Neue anzunehmen und sich zu ihm zu stellen" (Guardini :82).

André Comte-Sponville (:31) bemerkt: „Die Treue ist nicht ein Wert unter anderen, eine Tugend unter anderen; sie ist das, wodurch und weswegen es Werte und Tugenden gibt. Was wäre die Gerechtigkeit ohne die Treue der Gerechten? Der Friede ohne die Treue der Friedfertigen?"

Schlechte Treue

Als „preußische Tugend" ist auch die Treue in Verruf gekommen. Man wies auf den unreflektierten „Kadavergehorsam" hin, der daraus resultieren könne. Für viele gelten die ersten Zeilen des Gedichts „Der alte Landmann an seinen Sohn" von Hölty als abschreckende Zusammenfassung der „preußischen Tugenden": „Üb' immer Treu und Redlichkeit, bis an dein kühles Grab ..."

Und natürlich: Es gibt Missbrauch der Treue. Eine Treue zum Bösen, wie dies z. B. in der Zeit des Nationalsozialismus erschreckend sichtbar wird. Treue hängt also von den Werten ab, denen man treu bleiben will. „Treue zum Bösen ist schlechte Treue", stellt Comte-Sponville (:32) treffend fest.

Treue in der Antike

Schon bei Homer findet sich Treue (*gr. pistis*) als wichtige Eigenschaft im Sinn von „Zuverlässigkeit" und „Vertrauen" beim Eingehen von Bünden oder beim Schwur. Für Aristoteles ist Treue (*pistis*) eine selbstverständliche Eigenschaft, die Freundschaften Beständigkeit verleiht. Für Cicero ist Treue „Grundlage der Gerechtigkeit ..., d. h. Beständigkeit und Wahrhaftigkeit von Gesagtem und Vereinbartem" (in Gloyna).

Treue in der Bibel

„Treue" und „Glauben" werden in der Bibel häufig synonym verwandt (*hebr. ämär, ämunah, griech. pistis*). Der hebräische Wortstamm *aman* kann sehr unterschiedlich übersetzt werden: von *fest, zuverlässig, dauerhaft, beständig*, bis zu *treu sein, vertrauen* und *glauben*.

Treue bezeichnet eine innere Haltung, die Versprechen und Verpflichtungen ernst nimmt und erfüllt. Treue ist damit stark mit Wahrheit und Gerechtigkeit verwandt. Treu ist derjenige, dem man glauben und vertrauen kann – seinen Worten, wie auch seinen Taten.

Grundlage für alle menschliche Treue ist die Treue Gottes (z. B. 2Mo 34,6; Ps 100,5; Klgl 3,22f.; 1Kor 1,9; 1Thess 5,24). Gottes Treue ist beständig, zuverlässig (5Mo 7,9; Röm 3,3f.; 2Tim 2,13), während menschliche Treue häufig „wie der Tau ist, der früh verschwindet" (Hos 6,4).

Treue bei Menschen wird als wichtige Eigenschaft hervorgehoben (z. B. Mt 25,23; Lk 16,10; 2Tim 2,2). Johannes lobt die Treue von Gajus, die dem Nächsten zugutekommt (3Joh 5). Treue wird als Teil der Frucht des Heiligen Geistes bezeichnet (Gal 5,22).

Angefochtene Treue

Die Zeit, in der wir leben, steht für „Geschwindigkeit". Nichts ist beständiger als der Wandel in unserer beschleunigten Zeit. Wenn jedoch das Motto gilt „nichts Langfristiges", dann fällt Treue heute schwerer denn je. Wie alle anderen Tugenden kämpft sie gegen ein Gefälle.

Treue steht gegen die Unbeständigkeit, ist aber keine Unbeweglichkeit. „Die Treue ist das Gegenteil ... der leichtfertigen oder selbstsüchtigen Wankelmütigkeit, des Wortbruchs, der Perfidie[1], der Unbeständigkeit" (Comte-Sponville :34). Treue steht damit auch gegen das Vergessen – das Vergessen des Versprechens, das man gegeben hat; das Vergessen der Verantwortung, die man eingegangen ist.

Für Guardini (:84) bedeutet Treue „die Festigkeit, die daraus erwächst, dass der Mensch etwas in seine Verantwortung genommen hat und nun dazu steht. Sie überwindet die Veränderlichkeiten, Schäden und Bedrohungen des Lebens aus der Kraft des Gewissens. Einem solchen Menschen kann man vertrauen."

Treue des Denkens

Auch unser Denken darf sich nicht kurzfristigen Moden verschreiben, wenn es Bestand haben soll. Hier steht Treue für eine gewisse Langsamkeit, die sich dem Druck der Oberflächlichkeit widersetzt. Sie widersteht der Verführung der Popularität, der Mehrheitsmeinung und der Quoten. Comte-Sponville (:37) schreibt zur „Treue des Denkens": „Treue bedeutet Weigerung, sein Denken ohne gute und stichhaltige Gründe zu ändern, und – weil permanentes Überprüfen unmöglich ist – für wahr zu halten, was einmal klar und eindeutig befunden worden ist, bis eine Überprüfung etwas anderes ergibt. Also weder Dogmatismus noch Unbeständigkeit. Man hat das Recht, seine Ansichten zu ändern, doch nur dann, wenn es Pflicht ist."

Treue verpflichtet sich

Im April 2011 hat DIE ZEIT „Das Ewige Ideal" (so der Titel) der Treue untersucht. Die Autorin Stefanie Schramm kommt zu dem Ergebnis, dass die Wissenschaft keine eindeutige Erklärung für das

Phänomen Treue liefern kann. Was entscheidet dann aber über Treue oder Untreue? Die Autorin zitiert den Züricher Paartherapeuten Guy Bodenmann, der Treue als „die willentliche Entscheidung zur Exklusivität" bezeichnet. Er nennt dies „commitment" – ein Bekenntnis oder eine (Selbst)Verpflichtung. Worauf Schramm ergänzt: „Dafür gibt es ein schönes deutsches, ein wenig altmodisch klingendes Wort: Hingabe."

Eine Eigenschaft, die uns adelt

Das Eigentliche, was Treue möglich macht, lässt sich naturwissenschaftlich nicht erklären. Es ist etwas zutiefst Personales. Robert Spaemann erklärt dies in einem Interview mit der WELT vom 14.06.2010. Dabei geht er auf das „Versprechen" ein, was ja nur durch Treue umgesetzt werden kann. „Ich mache mich unabhängig von meinen wandelnden Gefühlen morgen und übermorgen. Nietzsche sagt einmal ‚Versprechen können ist das Höchste im Menschen.' Das heißt, sich unabhängig machen von den verschiedenen Zuständen, die ich durchlaufe, das heißt, ich bürge für mich. Versprechen heißt, dem anderen einen Anspruch einzuräumen, sich auf mich zu verlassen. Darum sind Verzeihen und Versprechen die wichtigsten personalen Akte."

> Versprechen heißt, dem anderen einen Anspruch einzuräumen, sich auf mich zu verlassen.

Der Preis der Freiheit

Das Versprechen ist ein Beispiel für gelebte Treue. Im Versprechen lege ich mich fest, ohne zu wissen, wie die Zukunft sein wird. Damit binde ich mich an den anderen – gehe einen Bund ein. Ich mache mich abhängig, schränke meine Freiheit ein.

Das widerstrebt unserem Bedürfnis nach Selbstbestimmung und

Unabhängigkeit – dem, was wir häufig als Freiheit bezeichnen. Aber Freiheit ist kein Selbstläufer. Wenn wir den Raum der Freiheit nicht verantwortlich füllen, ist Freiheit schnell weg. Der deutsche Philosoph Hermann Krings (:229) hat das treffend formuliert: „Der Preis der Freiheit ist die Treue." Freiheit hat ihren Preis, sie kostet etwas – nämlich Treue! Wer nicht bereit ist Treue zu zahlen, der bekommt auch keine Freiheit – oder verliert sie.

Außerdem vereinfacht Treue unser Leben. Sie hilft uns überflüssige Komplexität abzubauen: Ich kann zu meinen Entscheidungen stehen, muss sie nicht ständig neu treffen.

Etwas von Ewigkeit

„Treue ist das, was die fließende Zeit überdauert. Sie hat etwas von Ewigkeit in sich", schreibt Guardini (:85). Und damit leitet sich alle menschliche Treue von Gottes großer Treue ab. „Er hält sein Werk fest. Hält die Welt im Sein. Jeden Augenblick besteht sie aus Seiner Treue ... Von Gott her kommt die Treue in die Welt. Wir können nur treu sein, weil Er es ist, und weil Er uns, seine Ebenbilder, ihr zugeordnet hat" (:86f.).

Im 2. Timotheusbrief finden wir eine interessante Aufzählung. Paulus beschreibt dort, wie unsere Lebensführung Gottes Handeln an uns mitbestimmt. Doch an einer Stelle – es geht um die Treue – unterbricht er diese Kette: „Das Wort ist gewiss. Denn wenn wir mitgestorben sind, werden wir auch mitleben; wenn wir ausharren, werden wir auch mitherrschen; wenn wir verleugnen, wird auch er uns verleugnen; wenn wir untreu sind – er bleibt treu, denn er kann sich selbst nicht verleugnen" (2,11-13).

Gott bleibt treu, denn das entspricht seinem Wesen. Und Menschen, die treu sind, tragen deshalb etwas von Gottes Herrlichkeit in unsere Welt.

Zum Handeln und Einüben

- Lesen Sie Klagelieder 3,22-23. Danken Sie Gott für seine Treue, die jeden Tag neu auch für Sie da ist.
- Überlegen Sie: Was hält mich davon ab zu bestimmten Versprechen, die ich gegeben habe, zu stehen? Entschuldigen Sie sich Gott und Menschen gegenüber, wenn Sie treulos gehandelt haben.
- Bitten Sie Gott um Mut und Kraft treu zu sein, auch wenn es Nachteile bringt.

Ralf Kaemper

Anmerkungen

[1] Perfidie: auch Arglist, Heimtücke, Intrige; bezeichnet Handlungen, die vorsätzlich das Vertrauen oder die Loyalität einer Person ausnutzen, um Vorteile zu erlangen.

Literatur

Badde, Paul 2010. „Die Liebe überwindet alles", Interview mit Robert Spaemann. *Die Welt* vom 14.06.2010.
Comte-Sponville, André 1996. *Ermutigung zu einem unzeitgemäßem Leben.* Reinbek: Rowohlt. Kap. 2: Die Treue.
Gloyna, Tanja 1998. Treue. In: *Historisches Wörterbuch der Philosophie* (HWPh) Bd. 10. Basel: Schwabe.
Guardini, Romano 1963. *Tugenden.* Würzburg: Werkbund Verlag. S. 79-88.
Hermann, M. 1989. Artikel Treue. In: *Das große Bibellexikon.* Wuppertal: R. Brockhaus.
Krings, Herman 1980. *System und Freiheit.* Freiburg/München. S. 209-230.
Regenbogen, Arnim & Meyer, Uwe (Hrsg.) 2005. *Wörterbuch der philosophischen Begriffe.* Hamburg: Meiner.
Rienecker, Fritz & Maier, Gerhard (Hrsg.) 1998. Artikel Treue. In: *Lexikon zur Bibel.* Wuppertal: R. Brockhaus.
Schramm, Stefanie 2011. Das ewige Ideal. *Die Zeit* vom 7.4.2011 (Nr. 15).

9
Höflichkeit

Dass menschliches Miteinander gelingt, ist nicht selbstverständlich. Wie schnell entstehen Missstimmungen, Streit und Zerwürfnisse. Wir sind alle unterschiedlich. Und diese Unterschiedlichkeit ist nicht immer einfach auszuhalten. Eine wichtige Hilfe für gutes Miteinander sind Umgangsformen, die dem anderen signalisieren, dass man ihn achtet und respektiert – und ihm Freiheit zugestehen.

Bei der Tugend Höflichkeit geht es um gegenseitige Achtung, Rücksichtnahme und die Befolgung bestimmter gesellschaftlicher Umgangsformen. Herbert Winklehner schreibt dazu im Franz-von-Sales-Lexikon: „Der wahrhaft höfliche Mensch macht in aller Einfachheit den Menschen, mit denen er Umgang pflegt, durch sein Verhalten deutlich, dass sie für ihn eine besondere Würde besitzen: Ich verhalte mich diesen Menschen gegenüber so, als wären sie große Persönlichkeiten von Adel, Rang und Namen. Der wahrhaft höfliche Mensch verhält sich deshalb so, weil ihm klar ist, dass sein Gegenüber, egal um wen es sich dabei handelt, ein Ebenbild Gottes ist und daher eine große Würde besitzt" (:2013).

Was ist das Wesen der Höflichkeit?

Guardini weist darauf hin, dass Höflichkeit vor allem den „Wille(n), Abstand zu schaffen" voraussetzt. Menschen leben häufig auf engem Raum zusammen, bedrängen einander. „Die Höflichkeit schafft freien Raum um den anderen; bewahrt ihn vor der bedrängenden Nähe,

Höflichkeit

gibt ihm seine eigene Luft." (1963 :145). Ähnlich argumentiert Blaise Pascal (II/17/81 :397): „Die christliche Frömmigkeit demüthigt das menschliche Ich und die menschliche Höflichkeit verbirgt und unterdrückt es." Es geht also darum, dass man sich selbst zurücknimmt, um dem Anderen Raum zu geben.

Warum Höflichkeit?

Menschliches Glück gibt es nur in der Gemeinschaft. Aristoteles spricht es dem zu, der „mit Eltern und Kindern und mit seinem Weibe und überhaupt mit Freunden, Nachbarn und Mitbürgern lebt" (NE I,5 1097b 8-11). Diese Gemeinschaft gilt es zu wahren und zu fördern.

Zur Höflichkeit (und Schicklichkeit) gehört es deshalb, Person, Zeit, Ort und Anlass zu berücksichtigen, nur solche Themen anzusprechen, die für die Gemeinschaft angemessen sind, und auf den richtigen Ton dabei zu achten. Ein Ziel ist, niemand in Verlegenheit zu bringen oder bloßzustellen.

Höflichkeit ist das Gegenteil von Rohheit und Rücksichtslosigkeit. Höflichkeit kann entarten und in kalten Formalismus oder Heuchelei umschlagen. André Comte-Sponville (:20) weist in seinem Tugendbuch deutlich auf diese Gefahr hin. „Die Höflichkeit macht den Bösewicht umso verabscheuungswürdiger". Für Comte-Sponville ist Höflichkeit keine Tugend, wohl aber ein Vorzug der Form, ohne den Moral und Liebe nicht auskommen.

Höflichkeit in der Bibel

In Römer 12,10 schreibt Paulus: „In der Bruderliebe seid herzlich zueinander, in Ehrerbietung einer dem anderen vorangehend." Diese Ehrerbietung, die man durchaus auch Höflichkeit nennen kann, ist also ein Ausdruck der Liebe. Guardini (:143) stellt fest, dass es die „große Nächstenliebe" gibt, die besonders in Zeiten der Not greift. Daneben gibt es aber auch die „kleine Nächstenliebe": „Für die kleine ist immer Zeit, denn sie gehört in den Alltag. Es ist die Höflichkeit." Denn Liebe „benimmt sich nicht unanständig" (1Kor 13,5), sondern – positiv formuliert – behandelt den anderen mit Respekt und Achtung. Höflichkeit ist Ausdruck dessen, „dass in der Demut einer den anderen höher achtet als sich selbst" (Phil 2,3) und nicht nur auf das Seine sieht, sondern auch auf das des anderen (2,4). Denn so war unser Herr gesinnt (2,5). Höflichkeit ist ein konkreter, praktischer Ausdruck davon, dass man sich um das Wohl des anderen sorgt. „Niemand suche das Seine, sondern das des anderen", schreibt Paulus in 1. Korinther 10,24. Höflichkeit ist konkreter Ausdruck der Demut, die von jedem Christen gefordert ist: „Alle aber umkleidet euch mit Demut im Umgang miteinander" (1Petr 5,5).

> Guardini: Für die kleine Nächstenliebe ist immer Zeit – es ist die Höflichkeit.

Höflichkeit heute

Die Autorin Cora Stephan hat sich mit der Frage nach der Bedeutung von Umgangsformen und Höflichkeit für die Gesellschaft auseinandergesetzt. Sie macht deutlich, dass Höflichkeit eine wichtige soziale Funktion erfüllt, die es ermöglicht, sich frei und ohne Angst in der Öffentlichkeit begegnen zu können. Höflichkeitsformen sind auch Friedenssignale in einer durchaus nicht immer friedlichen Welt. So war z. B. im Mittelalter die Umarmung bei der Begrüßung auch ein Angebot an den anderen, zu prüfen, dass man unbewaffnet, also in friedlicher Absicht gekommen war.

„Umgangsformen, die als Beschwichtigung im öffentlichen Raum dienen, sind vor allem da, um dem anderen zu signalisieren, dass hier keine Gefahr lauert. Sie halten Distanz und respektieren das Territorium des anderen", schreibt Stephan. Sie sind Gesten der Offenheit und

Höflichkeit

Friedensbereitschaft. Der abwesende Blick aufs Handy oder die verspiegelte Sonnenbrille z. B. können als versteckte Aggression gedeutet werden. Man schenkt dem anderen nicht die Aufmerksamkeit, die für ein konfliktfreies Miteinander nötig ist. So dient die Tugend der Höflichkeit der Entspannung in der Öffentlichkeit. Und der Verlust solcher Regeln signalisiert „den drohenden Zerfall der Gesellschaft. Denn wo Menschen anderen Menschen zur Gefahr werden können, ist ein Verzicht auf solcherlei Beschwichtigungsgesten im öffentlichen Raum eine Einladung zu Mord und Totschlag." Natürlich sind gute Formen zunächst nur Äußerlichkeiten. Sie sind dazu da, um den Umgang miteinander leichter und angenehmer zu machen. Höflichkeit schafft keine besseren Menschen. Jedoch ist der in Deutschland so beliebte Umkehrschluss ganz bestimmt falsch, „dass nur dem Rüpel zu trauen sei, weil der wenigstens ehrlich ist." Umgangsformen, stellt Stephan abschließend fest, waren „immer wieder das …, was Menschen erfanden, um Freude an der Gesellschaft der anderen zu haben".

Das Leben leichter machen

Höflichkeit ist eine wichtige Hilfe für den Alltag, um das Leben leichter und angenehmer zu machen. Wer höflich ist, nimmt Rücksicht auf die Stimmungen des Nächsten. Er ist sensibel für seinen körperlichen Zustand (z. B. Müdigkeit). Der Höfliche gleicht peinliche Situationen aus (und nutzt sie nicht aus), sodass sie nicht zur Beschämung führen. Höflichkeit macht das Leben leichter und entspannter. Sie ist eine von den „kleinen Hilfen" bei den vielen „Fettnäpfchen" und „Stolperfallen" im täglichen Miteinander.

> Höflichkeit ist eine von den „kleinen Hilfen" bei den vielen „Fettnäpfchen" und „Stolperfallen" im täglichen Miteinander.

Höflichkeit, weil jeder Mensch eine Würde hat

Höflichkeit ist deswegen geboten, weil jeder Mensch eine Würde hat. Guardini (:147) weist auf die Gefahr hin, dass der Mensch immer mehr zur Sache wird und vom Nutzen her gesehen wird: „Er ist aber Person, und dies bedeutet, dass es jeden Menschen nur einmal gibt. Kein Mensch ist ersetzbar." Heute herrscht jedoch die Neigung, das Leben zu rationalisieren, alles Überflüssige wegzulassen. Doch aus Sachlichkeit kann schnell Grobheit und Kälte werden. So werden die Person des Menschen und seine Würde – sein Herz und seine Empfindungen – nicht mehr beachtet. „Und jenes Mitempfinden und Bedenken des fremden Lebens, seiner Zustände und Stimmungen, der jeweiligen Situation in ihrer Besonderheit, was alles zur Höflichkeit gehört, wird dann ‚überflüssig'. Die Wirkung aber ist schlimm: Das Dasein verarmt und verroht" (Guardini :148).

Höflichkeit braucht Zeit

Doch Höflichkeit braucht Zeit. Wer sie praktizieren will, braucht Geduld, muss warten können, sich selber zurückstellen und Rücksicht auf den anderen nehmen. Das Leben lässt sich nicht völlig durchplanen. Die Dinge entwickeln sich anders. Wir müssen Umwege machen. Leben braucht Zeit. Zeitdruck kann das Leben zerstören. „Ein Mensch, der vor lauter Sachlichkeit die Höflichkeit verliert, wird arm" (Guardini :149).

Dagegen ist die Höflichkeit selber schön – und sie macht das Leben schön. „Sie ist ‚Form': Haltungen, Gebärden, Handlungen, die nicht nur Zwecke erfüllen, sondern einen Sinn ausdrücken, der in sich selbst wertvoll ist, eben den der menschlichen Würde. Auf ihrem Gipfel wird aus ihnen ein Spiel, das hohes Dasein darstellt" (Guardini :147).

Höflichkeit

Höflichkeit in Bezug auf Gott

Dass wir nicht nur Menschen, sondern erst recht Gott mit Respekt und Hochachtung begegnen sollen, sollte selbstverständlich sein. Ist es aber leider nicht mehr. Und manchmal schleicht sich eine kumpelhafte Vertrautheit gegenüber Gott ein, die überhaupt nicht angemessen ist. Sie ist es nicht gegenüber Menschen – und erst recht nicht gegenüber unserem Schöpfer!

> Höflichkeit: Ein Nachahmen dessen, wie Gott mit uns Menschen umgeht.

Letztlich ist menschliche Höflichkeit ein Nachahmen dessen, wie Gott mit uns Menschen umgeht.

Gott behandelt uns als seine Geschöpfe mit großer Würde. Er respektiert die Freiheit, mit der er uns geschaffen hat:

> Er, der alles vermag, will, dass der Mensch freie Person sei, in eigenem Stand stehe, über sich selbst verfüge, aus innerem Anfang heraus handle. An diese Freiheit rührt Gott nicht. Er zwingt nicht, schreckt nicht, verführt nicht – auch dann nicht, wenn der Mensch sie gegen ihn und, ebendamit, gegen sich selbst wendet ... Dass er die Freiheit geschaffen hat und allezeit wahrt, ist die über alle Denkbarkeit hinausgehende Achtung, die er seinen Geschöpfen erweist (Guardini :152).

Guardini (:152) weist darauf hin, dass Gott hier

> eine Zartheit übe, die erschütternder sei, als die Allmacht selbst – ja die wohl nur die andere Seite dieser vollkommenen Macht ist ... Wie bedeutungsvoll ist es dann, wenn im Neuen Testament Christi Mahnung, der Mensch solle sich seiner Botschaft öffnen, sich in dem Bilde ausdrückt: „Siehe, ich stehe vor der Tür und klopfe an" (Offb 3,20). Der so spricht, ist Jener, dem „alle Macht gegeben worden im Himmel und auf Erden" (Mt 28,18), und der „mit eisernem

Stabe" jedes Hindernis „zerschlagen" könnte, „wie man ein (unnützes) irdisches Gefäß zerschlägt" (Offb 2,27f.).

Zum Handeln und Einüben

- Machen Sie sich klar, mit welcher Würde Gott mit Ihnen als seinem Geschöpf umgeht.
- Denken Sie bei jeder Begegnung daran, dass der andere von Gott dieselbe Würde bekommen hat, wie Sie selber.
- Bitten Sie Gott darum, Ihnen die Augen zu öffnen für die vielen Gelegenheiten, die „kleine Liebe" im Alltag zu praktizieren. Üben Sie Höflichkeit neu ein.

Ralf Kaemper

Literatur

Aristoteles. *Nikomachische Ethik* (NE).
Bräuer, G. 1992. Artikel Schicklich. In: *Historisches Wörterbuch der Philosophie* (HWPh) Bd. 8. Basel: Schwabe.
Comte-Sponville, André 1996. *Ermutigung zu einem unzeitgemäßem Leben.* Reinbek: Rowohlt. Kap. 1.: Die Höflichkeit.
Franz-von-Sales-Lexikon 2013. http://www.franz-sales-verlag.de/fsvwiki/index.php/Lexikon/H%f6flichkeit (abgerufen am 29.11.13).
Guardini, Romano 1963. *Tugenden.* Würzburg: Werkbund Verlag. S. 141-152.
Stephan, Cora 1996. Wozu Höflichkeit gut ist (Vortrag in den Goethe-Instituten Glasgow, Dublin und Manchester, 14.–19.10.1996. http://www.corastephan.de/sites/vortraege.php?suche=164 (abgerufen am 16.12.2013).
Sünkel, W. 1998. Artikel Takt. In: *Historisches Wörterbuch der Philosophie* (HWPh) Bd. 10. Basel: Schwabe.
Pittrof, Th. 2001. Artikel Umgang. In: HWPh Bd. 11.
Pascal, Blaise 1840, *Gedanken über die Religion und einige andere Gegenstände.* Übers. v. Karl Adolf Blech. Berlin: Wilhelm Besser.

10

Gastfreundschaft

Echte Gastfreundschaft erleben zu dürfen ist eine großartige Erfahrung, von der man lange zehren kann. Sich bei (bekannten oder unbekannten) Menschen von Herzen willkommen zu fühlen, ein liebevoll zubereitetes Mahl miteinander genießen zu dürfen, gute Gespräche führen zu können und sich bei dem allen angenommen und verstanden zu fühlen – das kann ein kleiner Vorgeschmack auf den Himmel sein. Wir alle sind unterwegs auf einer großen Reise zu einem großen Ziel und brauchen immer wieder Rast und Ermutigung. Das drückt Romano Guardini (2001) wunderbar aus: „Das ist der Gastfreundschaft tiefster Sinn, dass einer dem andern Rast gebe auf dem Weg nach dem ewigen Zuhause." Wer schon einmal die Gastfreundschaft von lieben Menschen – gerade auch in anderen Kulturkreisen – erlebt hat, der erkennt ihren hohen Wert.

Auf der anderen Seite ist Gastfreundschaft nicht nur ein privates Privileg. Sie kann zu einer großen Last werden, wenn Menschen sie ausnutzen oder einfach für selbstverständlich erachten. Und in Zeiten globaler Migrationsströme erreicht das Gewähren von Gastfreundschaft Dimensionen, die von einzelnen Menschen und auch einzelnen Staaten allein scheinbar nicht mehr zu bewältigen sind. Was machen wir mit den vielen Fremden, Flüchtlingen und Verzweifelten, die unter unfassbaren Umständen unseren Kontinent entern und die Flüchtlingslager füllen? Die aus Angst vor Armut, Gewalt und Tod und ohne jegliche Perspektive Heimat und Habe aufgeben, um nach Europa,

> Was machen wir mit den vielen Fremden, Flüchtlingen und Verzweifelten, die unter unfassbaren Umständen unseren Kontinent entern und die Flüchtlingslager füllen?

ins Gelobte Land, zu fliehen? Die Grenzen schließen? Sofort abschieben? Aufnehmen? Weiterleiten? Wohin? All diese Fragen erfordern ein neues Nachdenken über den Sinn von Gastfreundschaft.

Religionsgeschichtlich

In allen Kulturen kennt man Gastfreundschaft. Sie ist ein wesentliches Element menschlicher Begegnung und ein hohes ethisches Gut. In einigen Kulturen gilt sie als höchster Ausdruck der Ehre, die nicht verletzt werden darf.

Auch in der Begegnung der Kulturen untereinander ist Gastfreundschaft ein wichtiges Element. Sie kann – aus Unkenntnis der anderen Kultur oder aus Boshaftigkeit – leicht missbraucht werden. Durch den Übertritt in ein anderes Rechtsgebiet brauchte es daher Regeln, die sowohl den Gastgeber vor Ausbeutung als auch den Gast vor Übergriffen schützten. Zu allen Zeiten waren Missionare, Wanderprediger, Bettelmönche, Philosophen, Pilger und Reisende auf die Gastfreundschaft anderer angewiesen. In der frühesten Kirchenordnung der Christenheit, der Didache (um 150 n. Chr.), werden Missionare angewiesen, nicht zu Schmarotzern zu werden (Didache 11–13; vgl. Apg 18,3).

Griechenland/Rom

Gastfreundschaft galt im antiken Griechenland als altruistische (uneigennützige) Tugend und als Ausdruck der Zivilisiertheit schlechthin. Andererseits setzte sich schon früh die Auffassung durch, dass mit Gastfreundschaft politische und ökonomische Interessen verfolgt wurden. Sie galt quasi als eine Art Vorvertrag von Handelsabkommen oder als eine friedenssichernde Maßnahme (Wagner-Hasel :794).

Neben der allgemeinen Gastfreundschaft wurde in Griechenland eine eigene Gattung eingeführt, *xeinosyne* (erstmals bei Homer, Odyssee 21,35) und *xeinia* (seit Herodot), während sie in anderen Zusammenhängen auch mit dem Begriff *philia* (eigentlich – Freundschaft) oder *philoxeinia* (Liebe zum Fremden) belegt wurde, wie Aristoteles schreibt (*NE* VIII,12,1161b 11-17). Eine solche Gastfreundschaft konnte in Widerspruch zu Loyalitätsbindungen geraten (Wagner-Hasel :796).

In Rom wurde zwischen privater (*hospitium privatum*) und öffentlicher Gastfreundschaft (*hospitium publicam*) unterschieden. Letztere wurde dem Senat und dem Volk gewährt. Hier entsteht freilich auch Kritik an einer gewissen Art der Gastfreundschaft, die oft zu Geschäftstreffen und konspirativen Zirkeln missbraucht wurde. Gemauschel und Filz bei opulenten Gastmählern – die Symposien mit Wein, Weib und Gesang im römischen Kontext – haben einen eher negativen Aspekt der Gastfreundschaft als Günstlings- und Vetternwirtschaft mit unappetitlichen Gelagen hervorgebracht.

> Negative Aspekte der Gastfreundschaft: Gemauschel und Filz, Günstlings- und Vetternwirtschaft

Gastfreundschaft in der Bibel

Für die Israeliten ist Gastfreundschaft eine ethische Verpflichtung (Hiob 31,32; Jes 58,7). Weil sie selbst Fremdlinge in Ägypten waren, sollen sie Fremdlinge aufnehmen um Gottes willen, der alle Menschen liebt. „Denn Gott, der Mächtige …, der die Person nicht ansieht, … hat die Fremdlinge lieb. … Darum sollt auch ihr die Fremdlinge lieben" (5Mo 10,17-19). Dieses Grundparadigma zeigt sich auch in den 10 Geboten, deren Verpflichtungen und Segnungen auch für die Fremdlinge gelten. Am Sabbat sollten die Israeliten ruhen und keine Arbeit tun, „auch nicht dein Fremdling, der in deiner Stadt lebt" (2Mo 20,10, LUT).

Die Fremden sollen vor Gericht ohne Ansehen der Person behandelt (5Mo 1,16-17) und sie sollen noch am Abend des Arbeitstages

Lust auf gutes Leben

fair entlohnt werden (5Mo 24,14-15). „Sittliche Appelle regeln auch die Versorgung der mittellosen Fremden, indem Felder (3Mo 23,22; 5Mo 24,19), Ölbäume (5Mo 24,20) und Weinberge (5Mo 24,21) zu ihren Gunsten nicht restlos abgeerntet werden sollen. An der Versorgung der Fremden beteiligt sich aber auch die Kultgemeinde: Sie will auf den Zehnten eines jeden dritten Jahres zugunsten auch der Fremden verzichten (5Mo 14,28-29; vgl. auch 5Mo 26,12-13) und lädt sie zur Freude beim Wochen- und Laubhüttenfest mit ein (5Mose 16,11 und 14); sie deutet das Arbeitsverbot am Sabbat als Ruhegewährung auch für den Fremden um (2Mose 23,12) ... Dass die Kultgemeinde den Fremden dann auch in die Pflicht nimmt (2Mo 12,19.48-49; 20,10-11; 3Mo 16,29; 17,8-9.10-14; 18,26; 20,2; 22,18-25; 24,16; 4Mo 15,14-16.29; 19,10b-13; 5Mo 5,14), ist verständlich" (Wagner :2009).

Schon in 1. Mose 18,1-15 wird beschrieben, wie gewährte Gastfreundschaft zur persönlichen Gotteserfahrung werden kann, die eine neue Zukunft eröffnet. So hat Abraham – ohne es zu wissen – durch den Besuch Gottes Zuversicht und Hoffnung erlangt. Seine Gastfreundschaft war nicht vergebens. Auf diese Begebenheit weist vermutlich Hebräer 13,2 hin und ermahnt entsprechend: „Die Gastfreundschaft vergesst nicht! Denn dadurch haben einige, ohne es zu wissen, Engel beherbergt."

Jesus selbst nahm immer wieder Gastfreundschaft in Anspruch.

Gastfreundschaft kann Menschenleben retten (1Mo 19,12-22; 1Kön 17,8-16) und Leben wieder geben (2Kön 4,8-37). Umgekehrt kann man sich durch nicht gewährte Gastfreundschaft eines Segens berauben, wie die Geschichte des törichten Nabal zeigt, dessen kluge Frau Abigail durch ihr beherztes Intervenieren David am Blutvergießen hinderte (1Sam 25).

Jesus selbst nahm auf seinen Wanderungen durch das Land Israel immer wieder Gastfreundschaft in Anspruch. Er wurde von Menschen aufgenommen und ließ sich nötigen, zu Besuch zu bleiben (Lk 24). Andererseits musste er erleben, wie einzelne Menschen und Gruppen sowie schließlich das Volk als Ganzes ihn ablehnten (Lk 8,37). Diese Tragik, dass der Sohn Gottes „in sein Eigentum kam und die Seinen ihn nicht aufnahmen" (Joh 1,11, LUT), ja ihn sogar umbrachten, wurde in der Verkündigung Jesu (Mt 21,33-45) und später in der Missionspredigt der Apostel deutlich thematisiert (Apg 4,10; 5,30; 7,51-60).

Jesus lehrte seine Jünger, Fremde in seinem Namen aufzunehmen, und erklärte, dass sie dadurch ihn selbst aufnehmen (Mt 25,35). Für die Verbreitung der Botschaft Jesu nach seiner Auferstehung erwies sich die Gastfreundschaft für die Zeugen Jesu als lebensnotwendig (Apg 10,6; 16,15.34; 18,3; 21,16; 28,7). Daher wird im Neuen Testament häufig zur Gastfreundschaft ermahnt (Röm 12,13; Hebr 13,2).

Theologisch-ethisch

Unter Gastfreundschaft versteht man die uralte Sitte, Fremde aufzunehmen. Sie zu beherbergen, ihnen Lebensnotwendiges und besonders Sicherheit zu gewähren, ist ein Zeichen des Wohlwollens und Respekts. Zur Kultur der Gastfreundschaft gehört auf beiden Seiten das Bewusstsein, dass ein Mensch einen anderen auf bestimmte Dauer persönlich in seinen eigenen bergenden Lebensraum einlässt. Dieses Geschehen verlangt das Respektieren von Intimsphäre und Freiheit aller Beteiligten.

> Zur Kultur der Gastfreundschaft gehört auf beiden Seiten das Bewusstsein, dass ein Mensch einen anderen auf bestimmte Dauer persönlich in seinen eigenen bergenden Lebensraum einlässt.

Für Christen erhält Gastfreundschaft über die allgemein ethische Begründung hinaus noch eine besondere Bedeutung: Sie wird zur Christuserfahrung und sogar zum Kriterium im letzten Gericht. „Kommt her, Gesegnete meines Vaters, erbt das Reich, das euch bereitet ist von Grundlegung der Welt an! Denn ich bin hungrig gewesen, und ihr gabt mir zu essen; mich dürstete, und ihr gabt mir zu trinken; ich war Fremdling, und ihr nahmt mich auf" (Mt 25,34-35). Zugespitzt kann man sagen: In der biblischen Tradition „ist der Andere ohne Zweifel Gott als der ganz Andere" (Boff :112). Gastfreundschaft bildet Gottes Art des Aufnehmens und Beschenkens ab. Er ist der gute Hirte, der den „Tisch im Angesicht meiner Feinde deckt und mir voll einschenkt" (Ps 23). Letztlich ist auch das christliche Abendmahl Ausdruck des miteinander Teilens von dem, was Gott der Kirche in Christus anvertraut hat. Wer Menschen annimmt und von dem Seinen abgibt, der wird nach biblischem Verständnis reich. Wer Anteil gibt an dem, was er geschenkt bekommen hat, stiftet Gemeinschaft unter Menschen und ermöglicht Gotteserfahrungen.

Gastfreundschaft darf nun nicht auf den individuellen oder privaten Bereich begrenzt bleiben, sondern muss auch in einem größeren gesellschaftspolitischen Kontext gesehen werden. Auch das wird bereits im Alten Testament thematisiert. Auf seiner Durchreise musste Israel auch durch die Länder Edoms, Moabs und Ammons ziehen, aber die Völker weigerten sich, es aufzunehmen. Das geriet ihnen nicht zum Segen (Ri 11,17f.).

Der lateinamerikanische Theologe Leonardo Boff beschreibt in seinem Buch *Tugenden für eine bessere Welt* die Gastfreundschaft als Ausdruck von Solidarität, von zwischenmenschlichen Beziehungen, deren Voraussetzung sie geradezu ist.[1] Bei seinem elementaren Ansatz werden globale und wirtschaftskritische Themen gerade mit einbezogen. Erst aufgrund dieser elementaren Klärungen kann Gastfreundschaft als eine gesellschaftspolitische Aufgabe überhaupt angenommen werden. Bedingte und unbedingte Gastfreundschaft ist dabei zu unterscheiden (Boff :82ff.). Schon I. Kant hatte zwischen Gastrecht und Bleiberecht unterschieden. Auch J. Derrida plädiert für die reine, unbedingte Gastfreundschaft, die „ohne Gesetz, ohne Imperativ, ohne Befehl und ohne Pflicht" zu verstehen ist.

Angesichts der riesigen Migrationsströme in der heutigen Welt kann Gastfreundschaft als eine elementare Tugend verstanden werden, die den damit verbundenen Problemen und Herausforderungen

Gastfreundschaft

ansatzweise gerecht zu werden beginnt. Gastfreundschaft setzt jedoch zunächst eine neue Perspektive voraus, nämlich dass man hin- und nicht wegsieht, dass man das Fremde und den Fremden nicht verachtet, sondern als Gottes Geschöpf ernst nimmt, gerade in einer Notsituation. Sich den Fremden gegenüber zu öffnen und sich nicht zu verschließen, ihnen die elementaren Bedürfnisse – Wasser für Erfrischung, Essen, Unterkunft – zu gewähren, das ist Ausdruck gesamtbiblischen Denkens.

Gastfreundschaft muss sich gerade auch in widrigen Situationen erweisen. Wenn man die Bilder von verfolgten Menschen sieht, die aufgrund kriegerischer oder terroristischer Auseinandersetzungen Hab und Gut verlieren und aus ihrer Stadt, ihrer Region oder ihrem Land fliehen müssen, dann kann man die Augen vor diesem humanitären Elend nicht länger verschließen. Hier sind heute gerade auch die europäischen Länder gefragt, ihre Flüchtlingspolitik zu überdenken und zu differenzierten Lösungen zu kommen, die humanitäre Grundbedürfnisse von Menschen ermöglichen.

Gastfreundschaft setzt Offensein, ein fast naives Vertrauen voraus. Auch wenn es leider oftmals enttäuscht wurde und wird, hebt der Missbrauch nie den rechten Gebrauch von Gastfreundschaft auf.

Zum Handeln und Einüben

Privat und als christliche Gemeinden müssen wir neu lernen, Fremde und Gäste aufzunehmen und eine Kultur der Gastfreundschaft einzuüben. Das beginnt bereits mit dem Wahrnehmen der vielen Menschen mit Migrationshintergrund, die bereits in unserer Nachbarschaft und in unseren Kommunen leben.

Wer einmal erlebt hat, wie dankbar Menschen mit Migrationshintergrund sind, die von Deutschen gastfrei aufgenommen worden sind, oder wer selbst einmal Gast in einem fremden Kontext sein durfte, der versteht, dass es nicht nur Mühe, sondern vor allem Freude und Segen für einen selbst wird. Und die Chance, Christus selbst aufzunehmen (Mt 25,35), sollte man sich nicht entgehen lassen. Die Zukunft der Gemeinde wird wesentlich von ihrer Gastfreundschaft anderen und fremden Menschen gegenüber abhängen.

> Die Chance, Christus selbst aufzunehmen, sollte man sich nicht entgehen lassen.

Gastfreundschaft bereichert ungemein. Wie viele tolle Menschen haben wir durch Gastfreundschaft bereits kennenlernen und von ihnen profitieren dürfen! Welche neuen Horizonte wurden in interkulturellen Begegnungen aufgerissen! Wie herausfordernd sind neue Perspektiven auf die Welt und die Gemeinde aus einem anderen als dem eigenen Blickwinkel! Christus ist weitaus reicher und vielfältiger, als wir ihn in unseren gemeindlichen Monokulturen erleben.

Konkret einüben kann man:
- Feindbilder des Fremden entlarven und überwinden
- Fremde sehen und wertschätzend anschauen lernen
- Lernen, auf Fremde zuzugehen
- Konkrete Einladungen aussprechen
- Gaben der Gastfreundschaft in der Gemeinde entdecken und nachhaltig fördern.

Horst Afflerbach

Anmerkungen

[1] Man muss, wenn man Boffs Anliegen der Tugenden würdigt, theologisch nicht in allem mit ihm übereinstimmen. Über weite Passagen bietet er eine Auslegung des Mythos von Philemon und Baukis (griech. Mythologie, überliefert beim römischen Dichter Publius Ovidius Navo = Ovid, 43–34 v. Chr.). Dort kommen die Götter – verkleidet bzw. verwandelt als arme Menschen – zu Besuch zu den Menschen und erleben nur bei dem alten Ehepaar Philemon und Baukis beeindruckende Gastfreundschaft.

Literatur

Boff, Leonard 2009. *Tugenden für eine bessere Welt.* Kevelaer: Butzon & Bercker.

Guardini, Romano 2001. *Briefe über Selbstbildung.* Bearb. v. Ingeborg Klimmer. 6. Aufl. Kevelaer: Topos Plus.

Wagner, Volker 2009. Artikel Asyl/Asylrecht. In: *Wissenschaftliches Bibellexikon im Internet* (WiBiLex). http://www.bibelwissenschaft.de/wibilex (abgerufen am 20.03.2014).

Wagner-Hasel, Beate 1998. Artikel Gastfreundschaft. In: *Der Neue Pauly. Enzyklopädie der Antike* (DNP) Bd. 4. Stuttgart, Weimar: J.B. Metzler.

Zerfaß, Rolf 2006. Artikel Gastfreundschaft, IV. Praktisch-theologisch. In: *Lexikon für Theologie und Kirche* (LThK) Bd. 4. Freiburg: Herder.

11

Freigiebigkeit

„Geiz ist geil" war das Leitmotiv einer langjährigen Werbekampagne. Nein, Geiz ist gar nicht geil. Geiz ist hässlich, und geizige Menschen werden zu hässlichen Menschen. Die folgenden beiden Tugenden Freigiebigkeit und Genügsamkeit hängen eng miteinander zusammen. In beiden Fällen geht es um Besitz, bei der Freigiebigkeit geht es um die Tugend des Gebens oder Schenkens, also das rechte Abgeben von Besitz, bei der Genügsamkeit um das rechte Anstreben von Besitz. Es geht also um zwei Handlungen: Geben und nehmen.

Handlung	Tugend	↔	Laster
Geben	Freigiebigkeit	↔	Geiz
Nehmen	Genügsamkeit	↔	Habgier

Tabelle 1: zwei Tugenden und zwei Laster bezüglich Besitz

Das jeweilige Laster ist die Negation der Tugend: Geiz als „nicht-geben" und Habgier als „zu viel nehmen". Der Habgierige ist meist auch geizig, weil er eben möglichst viel für sich haben will. Allerdings kann man auch geizig sein, ohne habgierig zu sein. Wir behandeln die beiden Tugenden hintereinander und beginnen mit der Freigiebigkeit.

Freigiebigkeit

Freigiebigkeit bei Aristoteles

Schon Aristoteles schrieb sehr viel Gutes zur Freigiebigkeit, sodass ich vier seiner Gedanken herausstellen möchte.

Erstens die Feststellung: „Man schätzt die Freigiebigkeit nach dem Vermögen. Denn sie beruht nicht auf der Größe der Gabe, sondern auf der Gesinnung des Gebers ... Darum kann es gar wohl geschehen, dass die kleinere Gabe einer größeren Freigiebigkeit entspringt, weil sie aus geringeren Mitteln verabreicht wird" (NE IV,2 1120b). (Bibelleser werden hier an das Scherflein der Witwe erinnert, Mk 12,41-44). Eine Gabe, deren Höhe bei Normalverdienern als „freigiebig" gelten kann, würde bei reichen Gebern als „geizig" gelten. Umgekehrt wäre eine Gabe, die für Reiche als angemessen gilt, für einen Normalverdiener eventuell als unverantwortlich hoch, als verschwenderisch anzusehen, wenn sie zum Beispiel die Existenz der Familie, für die der Normalverdiener finanziell verantwortlich ist, gefährdet.

Aristoteles: Freigiebigkeit ist das rechte Maß zwischen Geiz und Verschwendung.

Aristoteles führt entsprechend noch die „Hochherzigkeit" als „Freigiebigkeit im Großen" auf (NE IV,4 1122a). Freigiebig kann jeder sein, jeweils passend zu den persönlichen Vermögensverhältnissen, aber nur Wohlhabende können hochherzig sein (NE IV,5 1122b).

Zweitens sieht Aristoteles Freigiebigkeit als das rechte Maß zwischen Geiz und Verschwendung. Das Laster der Verschwendung hat angewandt auf das Privateigentum eine natürliche Grenze, nämlich dann, wenn alles Eigene aufgebraucht ist (NE IV,3 1121a). (Leider gibt es diese natürliche Grenze sowohl bei den Privat- wie bei den Staatshaushalten heute nicht mehr, folglich erleben wir in beiden Fällen oft Verschwendung ohne Grenze!) Wegen dieser natürlichen Grenze konnte Aristoteles noch bezüglich der Veränderungsmöglichkeit bei Verschwendungssucht optimistischer sein als beim Geiz. „Dagegen ist der Geiz unheilbar" (NE IV 3,1121b). Die drastische Formulierung über den Geiz ist wohl als Warnung zu verstehen, bei der Tugend der Freigiebigkeit besonders darauf zu achten, sie früh einzuüben.

Lust auf gutes Leben

Damit kommen wir zum dritten Punkt: Grundsätzlich sind alle Tugenden möglichst von Jugend an zu üben (NE II,1 1103b). Aber für die Tugend der Freigiebigkeit scheint dies besonders wichtig zu sein. Denn während das Alter manch anderes Laster automatisch reduziert, scheint es den Geiz eher zu verstärken (NE IV,3 1121b). Deswegen ist es ganz wesentlich, bereits Kindern die Freude der Freigiebigkeit beizubringen.

> Denn die sittliche Tugend hat es mit der Lust und der Unlust zu tun. Der Lust wegen tun wir ja das sittlich Schlechte, und der Unlust wegen unterlassen wir das Gute. Darum muß man, wie Plato sagt, von der ersten Kindheit an einigermaßen dazu angeleitet worden sein, über dasjenige Lust und Unlust zu empfinden, worüber man soll. Denn das ist die rechte Erziehung. (NE II,2 1104b)

Viertens lässt sich am Beispiel der Freigiebigkeit sehr schön der Charme der Tugendethik verdeutlichen, auf den wir schon in der Einleitung dieses Buches verwiesen haben (Seite 7f.). Aristoteles sieht tugendhaftes Handeln nämlich nicht als Last oder lästige Pflicht, sondern als Lust, und dies betont er insbesondere bei der Freigiebigkeit: „Der Freigiebige wird nun, da die Freigiebigkeit die Mitte beim Geben und beim Nehmen von Geld und Gut ist, am rechten Ort und im rechten Maß geben und aufwenden, und zwar gleichmäßig im kleinen und im großen, *und wird es mit Freude tun.*" (NE IV,2 1120b; Kursiv-Setzung von mir). – Bibelleser werden hier an den „fröhlichen Geber" von 2. Korinther 9,7 erinnert. – Oftmals wird Gutestun als Pflicht gesehen, als Opfer, entgegen unserer Neigung. Dieses Opferdenken ist beim Ausüben der Freigiebigkeit besonders verbreitet, was sich auch in dem Ausdruck „Geldopfer" für eine Spendensammlung widerspiegelt. Denn der oder die Freigiebige gibt anderen etwas, das er bzw. sie selbst dann

Oftmals wird Gutestun als Pflicht gesehen, als Opfer. Dieses Opferdenken ist beim Ausüben der Freigiebigkeit besonders verbreitet.

nicht mehr zur Verfügung hat. Man verliert also zwangsläufig etwas. (Es gibt andere Tugenden, die man praktizieren kann, ohne etwas zu verlieren.) Und Aristoteles behauptet nun, dass der Freigiebige *mit Freude* gibt. Freigiebigen ist das Geben so zu einer guten Gewohnheit geworden, dass es ihnen eine Freude ist, anderen etwas zu geben.

Die Tücke des Geizes

Das Tückische am Laster Geiz ist seine Nähe zur Sparsamkeit, die manche als Tugend sehen. Ein Geiziger versteht das Verhalten als Tugend, was die anderen an ihm als Laster wahrnehmen: Er sieht sich selbst als tugendhaften Sparsamen und die anderen als Verschwender. Die Sparsamkeit des Calvinismus ist laut dem Soziologen Max Weber mitentscheidend dafür, dass protestantische Länder im Durchschnitt erfolgreicher sind als katholische Länder. Wer die Sparsamkeit als Tugend lehrt, sieht sie als Gegenpol zum Laster der Verschwendung. Aber ist Sparsamkeit wirklich eine Tugend? Aristoteles führt sie nicht auf. Er sah nicht die Sparsamkeit, sondern die rechte Freigiebigkeit als die entsprechende Tugend zur Verschwendung!

In gewisser Weise fördert die moderne Betriebswirtschaftslehre die Verbreitung des Lasters Geiz. Buchhaltung und Rechnungswesen, Kostenersparnis durch Rationalisierung und Erfolgskontrolle sind Maßnahmen organisierter Sparsamkeit, der Übergang zur Instrumentalisierung von Geiz ist fließend. „Geiz beim Einkauf und Gier beim Verkauf – das ist der Königsweg rationaler Ökonomie" (Sofsky :137). Schade, wenn Menschen ihre betriebswirtschaftlichen Fähigkeiten in Bereichen anwenden, wo sie gänzlich fehl am Platz sind. So ist mir ein Familienvater bekannt, der penibel ausrechnete, ob sich ein weiteres Kind finanziell lohnen würde, und seine weitere Familienplanung von diesem Ergebnis abhängig machte.

Über das Laster Geiz wird hart geurteilt: „Geiz ist eine hässliche Sünde. Er macht den Menschen klein und bitter", schreibt Sofsky

(:128). Ein Geiziger ist meist auch geizig gegenüber sich selbst. Er gönnt sich keinen Genuss. „Er bewacht seine Schätze, ohne auch nur im Traum an ihren Gebrauch zu denken" (Sofsky :129). Damit bestraft er sich selbst, wie schon Jesus Sirach 14,6 etwas süffisant bemerkt: „Keiner ist schlimmer daran als einer, der sich selbst nichts gönnt" (EÜ). Sollte der Geizige doch einmal auswärts essen gehen (müssen), liest er die Speisekarte grundsätzlich von rechts nach links. Er wählt das Billigste und nörgelt nachher am meisten. Dass er damit den anderen auch den Appetit raubt, stört ihn nicht. Denn „Geiz zerfrisst den sozialen Sinn" (Sofsky :132).

Was die Bibel zum Geben sagt

Im Alten Testament wird das Geben durch die Vorschrift zum Zehnten in 3. Mose 27 detailliert festgelegt. Der Zehnte gibt Gott die Ehre. Man bringt mit dem Zehnten zum Ausdruck, dass man alles, was man besitzt, von Gott empfangen hat. Verwendet wurde der Zehnte vorrangig zur Versorgung der Leviten und Priester, aber in jedem dritten Jahr auch zur Sättigung der sozial Benachteiligten, d. h. der Fremden, der Waisen und der Witwen (5Mo 14,28; 26,12).

Im Neuen Testament wird das Thema Geben besonders umfangreich in 2. Korinther 8-9 ausgeführt. Anlässlich der Geldsammlung für die Gemeinde zu Jerusalem entfaltet Paulus wichtige Wahrheiten über das Geben. Als Erstes verweist er darauf, dass es dem Wesen Gottes entspricht, zu geben. Christus war reich und wurde um unsertwillen arm (2Kor 8,9). Wenn wir also geben, eifern wir dem Vorbild Christi nach. Zweitens ist die Gemeinde Christi eine Solidargemeinschaft, in welcher der Überfluss mancher Gemeinden den Mangel anderer Gemeinden ausgleicht (2Kor 8,13-15). Drittens wird das Geben leicht gemacht durch das Wissen darum, dass Gott uns überreichlich zu geben vermag, sodass wir genügend haben, auch wenn wir geben (2Kor 9,8). Hat jemand Angst zu geben, weil er eigenen Mangel be-

Freigiebigkeit

fürchtet, so setzt Paulus das Gesetz von Saat und Ernte dagegen: „Wer sparsam sät, wird auch sparsam ernten, und wer segensreich sät, wird auch segensreich ernten" (2Kor 9,6). Dies alles führt schließlich viertens zu dem Ideal, das wir schon bei Aristoteles fanden (dort natürlich ohne Gottesbezug): Lust am Geben, „nicht mit Verdruss oder aus Zwang, denn einen fröhlichen Geber liebt Gott" (2Kor 9,7).

Galater 6,10 fordert uns dazu auf, allen gegenüber Gutes zu tun, am meisten aber gegenüber den „Hausgenossen des Glaubens". Diese Aufforderung passt zur Priorisierung im Alten Testament, wo der Zehnte in erster Linie für das Glaubensvolk verwendet wurde, aber in jedem dritten Jahr für soziale Schwache, auch außerhalb des Glaubensvolks.

Wann ist man großzügig?

Halbig (:94) fasst in einem Satz zusammen, wann man überhaupt von Freigiebigkeit/Großzügigkeit sprechen kann:

> Eine großzügige Handlung beinhaltet (i), dass der Großzügige im Interesse seines Gegenübers diesem etwas zuteilwerden lässt in der Absicht ihm Gutes zu tun, und zwar etwas (ii), das er selber wertschätzt und das zu behalten er deshalb Grund hätte, und dies (iii) in einem Umfang, der über das hinausgeht, was in den gegebenen Umständen aufgrund von moralischen Verpflichtungen, Gebräuchen etc. ohnehin zu erwarten wäre.

Zum Handeln und Einüben

- Auch wenn die Abgabe des Zehnten ein Gesetz des Alten Bundes ist, das formal nicht für die Christen im Neuen Bund gilt, halte ich den Zehnten für eine gute Orientierungshilfe. Diese Regel hat

den Vorteil, dass sie auf unterschiedliche Einkommensverhältnisse Rücksicht nimmt und dass sie konkret ist.
- Wir sollten Menschen so früh wie möglich dahin gehend fördern, dass sie gerne anderen etwas abgeben. Je früher Kinder in der Familie oder in der Gemeinde erleben, dass es schön ist, andere zu beschenken, desto besser. Daher haben wir als Eltern unseren Kindern immer nahegelegt, von ihrem Taschengeld den Zehnten abzugeben. Da dies freiwillig geschehen sollte, haben wir es aber nicht kontrolliert. Buchhalterisch gesehen war diese Praxis nicht sinnvoll. Denn das Taschengeld unserer Kinder kommt ja aus unserem schon „verzehnteten" Einkommen, wird somit zweifach „verzehntet". Aber hier geht es nicht um Betriebswirtschaft, sondern um Pädagogik.
- Der französische Philosoph Comte-Sponville sieht Freigiebigkeit – er verwendet den Ausdruck Großherzigkeit (Comte-Sponville :114) – als praktisches Mittel, das biblische Gebot der Nächstenliebe zu verwirklichen. Da Liebe nicht wirklich messbar ist, sei es besser, konkrete Handlungen zu befehlen, eben die Großherzigkeit. „Die Liebe ist das Ziel, die Großherzigkeit der Weg" (:123). Deswegen ist es wichtig, dass Christen nicht nur in die eigene Gemeinde geben, sondern auch Bedürftigen außerhalb der eigenen Solidargemeinschaft. Nur so wird Nächstenliebe praktisch und erlebbar.

Freigiebigkeit ist eine besonders schöne Tugend. Sie befreit vom Egoismus und hilft anderen. Freigiebige Menschen sind gern gesehene Menschen.

Volker Kessler

Literatur

Aristoteles. *Nikomachische Ethik* (NE). Buch IV, Kap. 1-3.

Freigiebigkeit

Comte-Sponville, André 1996. *Ermutigung zu einem unzeitgemäßen Leben. Ein kleines Brevier der Tugenden und Werte.* Reinbek: Rowohlt. Kapitel 7: Die Grossherzigkeit.

Halbig, Christoph 2013. *Der Begriff der Tugend und die Grenzen der Tugendethik.* Berlin: Suhrkamp.

Kessler, Volker 2012. Virtues and Vices about Money. In *Scriptura* 111 (2012:3), Stellenbosch, S. 531-543.

Sofsky, Wolfgang 2009. *Das Buch der Laster.* München: C.H. Beck. Kap. 10: Geiz.

12

Genügsamkeit

„Geldgier ist gut", hieß am 24.3.1997 eine Reportage in dem Nachrichtenmagazin „Der Spiegel" (13/1997). Am 13.2.2010 stand auf dem Titelblatt der gleichen Zeitschrift: „Triumph der Sünde. Von Wollust, Habgier und anderen Versuchungen" (Spiegel 7/2010). Zwischen beiden Ausgaben liegen mehrere Finanzkrisen, deren Folgen uns heute noch beschäftigen. Dass die Geldliebe „eine Wurzel alles Bösen ist", wie heute viele Zeitschriften bemerken, steht bereits in 1. Timotheus 6,10, einem Brief aus dem 1. Jahrhundert. Dort wird Geldgier als ernst zu nehmendes Laster gebrandmarkt, welches zum Abfall vom Glauben führen kann. Deswegen ist ein wichtiges Kriterium für geistliche Leiter, dass sie hier nicht versuchlich sind: Sie sollen „nicht geldliebend" (1Tim 3,3) sein, „nicht schändlichem Gewinn nachgehend" (Tit 1,7) und ihr Hirtenamt „nicht aus schändlicher Gewinnsucht" (1Petr 5,2) heraus ausüben. Dies ist übrigens das einzige Kriterium, welches in allen drei Eignungslisten für Älteste/Aufseher auftaucht (1Tim 3,1-7; Tit 1,5-9; 1Petr 5,1-3). Das, was man heute vielfach fordert, nämlich keine habgierige Person in ein Leitungsamt zu berufen, ist im Neuen Testament bereits klar formuliert.

Kultivierung der Habgier

Die Frage ist: Kann unser Wirtschaftssystem überhaupt ohne Habgier funktionieren? In dem Film Wall Street aus dem Jahre 1987 werden der Person Gordon Gecko folgende Worte in den Mund gelegt: „Greed –

for lack of a better word – is good. Greed is right. Greed works" (in Balot :20). Auch wenn Habgier zurzeit öffentlich gegeißelt wird: Sind nicht Geckos Worte eine zwar unschöne, aber dennoch ehrliche Bestandsaufnahme? Albach, Professor für Betriebswirtschaftslehre, schreibt zum grundlegenden Menschenbild seiner Disziplin:

> Die moderne Mikroökonomie geht vom Individuum aus, das seinen Nutzen maximiert. Ich sollte deutlicher sagen: Die moderne Mikroökonomie geht von dem Menschen, der von unbegrenzter Habgier getragen wird, als dem Normalfall aus. (Albach :37)

Grundlegend für die Marktwirtschaft ist der Umstand, dass Menschen immer mehr haben wollen. Ohne ein „Immer-mehr-haben-Wollen" gibt es kein Wachstum. Ohne Gier keine funktionierende kapitalistische Marktwirtschaft. Da die Planwirtschaft untergegangen ist, bleibt uns scheinbar nur die Marktwirtschaft als das einzige Wirtschaftssystem. Folglich benötigen wir die Habgier – zumindest als theoretische Annahme für das Funktionieren der Wirtschaft. Dass die Habgier der reichen Länder und die immer größer werdende Kluft zwischen Arm und Reich letztlich ein friedliches Miteinander von armen und reichen Ländern auf unserem Planeten verhindert, ist offensichtlich. Diese Diskrepanz motivierte den brasilianischen Befreiungstheologen Leonardo Boff (:9) eine Antwort auf die Frage zu geben: „Welche Tugenden sind unbedingt erforderlich, wenn wir gewährleisten wollen, dass die Globalisierung ein menschliches Antlitz bekommt?"

Was kann nun der Einzelne tun? Wie kann er/sie die Habgier meiden? Dazu sind die Ausführungen des Soziologen Sofsky lesenswert:

> Manchmal ist der Habsüchtige von einer Art Jagdfieber befallen. Die nahe Erfüllung des Wunschtraumes elektrisiert

Grundlegend für die Marktwirtschaft ist der Umstand, dass Menschen immer mehr haben wollen.

ihn. Unbedingt will er der Beute habhaft werden. Seine Sinne sind gespannt, ... Jeden Augenblick kann sich der ersehnte Moment ergeben, die seltene Gelegenheit, auf die er so lange gewartet hat. (Sofsky :121)

Wer schon einmal bei einer Auktion war, bei Ebay mitgesteigert hat oder einen Gebrauchtwagen gesucht hat, kennt vermutlich dieses Jagdfieber. Weil hier jedes Angebot nur einmal vorhanden ist, lauert immer die Gefahr, die beste Chance zu verpassen. Und deswegen ist man zeitlich unter Druck: „Habgier hat es eilig. Sie bevorzugt den raschen Kauf, die zügige Versteigerung, die schnelle Entscheidung" (:121).

Schwierig ist es, wenn dieses Jagdfieber zum Lebensprinzip wird. Denn selbst nach einer erfolgreichen Jagd ist das Jagdfieber nur kurzfristig gestillt. „Kaum ist das Objekt erobert, verliert es seinen Reiz" (:122). Folglich kann Habgier nie wirklich befriedigt werden. „Habgier ist unersättlich. Sie kennt kein Ende. Niemals ist die Sammlung vollständig, der Kontostand hoch genug" (:122).

Diese Erkenntnis hatte auch schon der Prediger im Alten Testament: „Wer Geld liebt, bekommt vom Geld nicht genug, und wer Reichtum liebt, bekommt vom Gewinn nicht genug." (Pred 5,9 SLT) Der Frankfurter Zukunftsrat untermauert dies mit sieben Thesen zur Neuroökonomie, einer Verbindung der Neurowissenschaften mit den Wirtschaftswissenschaften. Seine zweite These lautet

> These 2: Der Mensch reagiert auf kurzfristige Gewinne oder die Aussicht auf Geld wie Kokain. (Frankfurter Zukunftsrat 2009)

Es ist messbar, dass beim Anblick von Geld, Glücksspiel oder Kokain jeweils dieselbe Hirnregion aktiviert wird. So wie bei Drogensüchtigen der Verstand ausgeschaltet wird, wenn sie Drogen sehen, schaltet sich bei manchen der Verstand aus, wenn ein ungewöhnlich hoher

Genügsamkeit

Profit in Aussicht gestellt wird. Das erklärt, warum manche in Finanzprodukte investieren, deren Fragwürdigkeit und Zerbrechlichkeit sie im Rückblick – wenn der Kopf wieder klar ist – leicht erkennen können. Wenn der Mensch auf Geld wie auf Drogen reagiert, ist es logisch, dass geldgieriges Verhalten abhängig macht, so die dritte These des Frankfurter Zukunftsrats.

In Unternehmen und sogar in Kirchengemeinden wird Habgier häufig kultiviert. Egal wie gut das Vorjahr war, man setzt *immer* als Ziel, den Umsatz im nächsten Jahr zu steigern. Warum eigentlich? Könnte man nicht auch damit zufrieden sein, den Umsatz zu halten, sofern man damit alle Verbindlichkeiten (Gehälter, Mieten, Zinsen, etc.) abdecken kann? Die Komplexität der Instrumente, deren Anwendung schließlich zu einer ausgereiften Zielvorgabe wie „Steigerung um 5,54 %" führt, verschleiert geschickt, dass ihre Grundlage ein scheinbar nicht hinterfragbares Gebot ist: Umsätze müssen wachsen, wachsen, wachsen.

> Beim Anblick von Geld, Glücksspiel oder Kokain wird jeweils dieselbe Hirnregion aktiviert.

Was die Bibel über Genügsamkeit und Habgier sagt

Sehr deutlich ist 1. Timotheus 6,6-10:

> Die Gottseligkeit mit Genügsamkeit aber ist ein großer Gewinn; denn wir haben nichts in die Welt hereingebracht, so dass wir auch nichts hinausbringen können. Wenn wir aber Nahrung und Kleidung haben, so wollen wir uns daran genügen lassen. Die aber reich werden wollen, fallen in Versuchung und Fallstrick und in viele unvernünftige und schädliche Begierden, welche die Menschen in Verderben und Untergang versenken. Denn eine Wurzel alles Bösen ist die Geldliebe …

Der hier verwendete Begriff *autarkeia* (Genügsamkeit) spielte in der Stoa eine große Rolle. Die stoische Ethik sah „Genügsamkeit" als Inbegriff aller Tugenden. So wird an Sokrates gelobt, dass er „genügsam und fromm" war (Siede :499). Dass 1. Timotheus 6,6 hier offenbar Anleihen bei der Stoa macht und Gottesfurcht und Genügsamkeit eng zusammenstellt, mag überraschen. Es passt aber zu dem neutestamentlichen Tenor: Erstens lehren Kolosser 3,5 und Epheser 5,5 deutlich: „Habgier ist Götzendienst" (mehr dazu in Rosner 2007). Zweitens: Man kann nicht gleichzeitig Gott und dem Mammon dienen (Mt 6,24). Also ist Genügsamkeit nicht etwas, das ein Christ möglicherweise hat oder auch nicht, sondern Nicht-Genügsamkeit, also Habgier, steht schlichtweg im Widerspruch zum Christsein.

> Nicht-Genügsamkeit, also Habgier, steht schlichtweg im Widerspruch zum Christsein.

Paulus charakterisiert seinen eigenen Lebensstil in Philipper 4,11 mit „sich genügen lassen". Der gleiche Begriff wird in Lukas 3,14 verwendet, wo Johannes der Täufer die Soldaten auffordert, „sich mit ihrem Sold zu begnügen" und niemanden zu erpressen. Und Hebräer 13,5 lehrt ähnlich wie der Timotheus-Abschnitt: „Der Wandel sei ohne Geldliebe; begnügt euch mit dem, was vorhanden ist!"

Einen ähnlichen Hinweis finden wir schon im Alten Testament. Auf der einen Seite werden dort der Wohlstand von Abraham und Salomo als Zeichen göttlichen Segens gelobt. Auf der anderen Seite finden wir die weise Bitte von Agur, Sohn des Jake:

> Armut und Reichtum gib mir nicht, lass mich das Brot, dass ich brauche, genießen, damit ich nicht, satt geworden, leugne und sage: Wer ist denn der HERR? – und damit ich nicht, arm geworden, stehle und mich vergreife an dem Namen meines Gottes. (Spr 30,8b.9)

Die stoische genauso wie die christliche Ethik fordern dazu auf, sich mit dem zu begnügen, das einem vom Schicksal, von den Göttern (so die Stoa) oder von Gott (jüdisch-christlich) zugeteilt wurde, sofern die Grundbedürfnisse wie Kleidung und Nahrung abgedeckt sind. Wem das gelingt, der ist gefeit vor dem Laster der Geldliebe.

Sich bewusst mit weniger begnügen

Laut marktwirtschaftlicher Theorie ergibt sich ein Preis aus dem Schnittpunkt der Angebots- und der Nachfragekurve. Dies gilt für Produkte wie auch für Gehälter. Insofern gilt jemand als dumm, wenn er für seine Arbeitsleistung nicht das herausholt, „was der Markt hergibt" (so die wörtliche Rechtfertigung eines Topmanagers für sein astronomisch hohes Gehalt). Angenommen, man wäre als Anbieter in der glücklichen Lage, einen Preis zu erzielen, der deutlich über den eigenen Kosten liegt – könnte man sich trotzdem damit begnügen, nur so viel zu nehmen, dass es für das Überleben des Unternehmens genügt (inklusive der vielleicht notwendigen Investitionen in die Zukunft)?

Du sollst nicht begehren sein Auto, seinen Kontostand, seine Rentenversorgung etc.

Oft ist es der Vergleich mit den anderen, der einen unzufrieden mit dem eigenen Besitz macht. Das neue Auto des Nachbarn wird zur Versuchung, weil mir erst durch den Vergleich bewusst wird, wie alt mein eigenes Auto ist. Das zehnte Gebot geht auf den Wunsch ein, etwas zu besitzen, das einem anderen gehört:

> Du sollst nicht das Haus deines Nächsten begehren. Du sollst nicht begehren die Frau deines Nächsten, noch seinen Knecht, noch seine Magd, weder sein Rind noch seinen Esel, noch irgendetwas, was deinem Nächsten gehört. (2Mo 20,17)

Man könnte hinzufügen: Du sollst nicht begehren sein Auto, seinen Kontostand, seine Rentenversorgung etc. Während die anderen Gebote des Dekalogs sich vor allem auf die äußeren Handlungen beziehen (nicht morden, nicht ehebrechen, nicht stehlen) – und erst in der Bergpredigt auf den inneren Menschen bezogen werden (Mt 7,28) – spricht das zehnte Gebot direkt den inneren Menschen an: „Du sollst nicht begehren." Mit anderen Worten: Begnüge dich mit dem, was du hast.

Zum Handeln und Einüben

- An erster Stelle steht die „Orientierung nach oben". Diesen Rat stellt Kolosser 3,2 seiner Warnung „Habsucht ist Götzendienst" voran: „Trachtet nach dem, was droben ist." Und Hebräer 13,5 setzt dem Aufruf, sich mit dem zu begnügen, was man hat, als Motivation hinzu: „Denn er hat gesagt: ‚Ich will dich nicht aufgeben und dich nicht verlassen'". Gott verspricht uns die Fülle. Ohne Ewigkeitsperspektive steht der Mensch unter Druck, auf Erden möglichst viel „mitnehmen" zu wollen. Die Ewigkeitsperspektive kann uns davon befreien, möglichst viel haben zu wollen (Habgier) und möglichst wenig abgeben zu wollen (Geiz).

- Sich zumindest punktuell mit weniger zufriedengeben, als man sich leisten könnte: Papst Franziskus setzt hier mit seinem Lebensstil vorbildliche Akzente. Er verzichtete als Bischof in Buenos Aires auf manches, was ihm zustand, fuhr lieber Bus statt Limousine mit Chauffeur, begnügte sich bei Flügen mit der Economyclass. – Vielleicht entscheiden Sie sich beim Kauf Ihres nächsten Autos bewusst für ein preiswerteres Modell, obwohl Sie sich mehr leisten könnten.

- Sich gegen Neid entscheiden: Oft ist es der Neid auf andere, der uns daran hindert, uns mit dem zu begnügen, was wir haben. Aber wer andere beneidet, macht sich selbst kaputt (Haubl 2009). Schon der Volksmund sagt „Neid macht Leid" oder „Den wird der Neid noch auffressen". Neid ist ein Zeichen von Selbstsucht –

Genügsamkeit

und damit das Gegenteil von Selbstliebe. Wer das zehnte Gebot übertritt, schadet vor allem sich selbst. Neid resultiert oft aus einer „Gleichheitsideologie": Die Vermutung, dem anderen ginge es finanziell besser, führt zu dem Gefühl: „Die Reichtümer dieser Welt sind ungerecht verteilt, und ich habe zu wenig bekommen." Aber so ist das Leben! Weder die finanziellen Reichtümer noch Eigenschaften wie Schönheit, Intelligenz oder Begabungen sind gerecht verteilt. Und wir zerstören uns selbst, wenn wir ständig mit dem Gefühl herumlaufen: Wir haben zu wenig.

Genügsam sein heißt: Zufrieden sein mit dem, was man in einer ungerechten Welt bekommen hat.

Volker Kessler

Literatur

Albach, Horst 2003. Zurück zum ehrbaren Kaufmann. Zur Ökonomie der Habgier. In: *WZB-Mitteilungen*, Heft 100, Juni 2003, S. 37-40.
Balot, Ryan K. 2001. *Greed and Injustice in Classical Athens*. Princeton University Press.
Boff, Leonardo 2009. *Tugenden für eine bessere Welt*. Kevelaer: Butzon & Bercker.
Frankfurter Zukunftsrat 2009. *7 Thesen des Frankfurter Zukunftsrats zur Neuroökonomie*. www.frankfurter-zukunftsrat.de/Presseservice/pdf/pressemeldung20090617.pdf (abgerufen am 11.2.2010).
Haubl, Rolf 2009. *Neidisch sind immer nur die anderen. Über die Unfähigkeit zufrieden zu sein*. München: C. H. Beck.
Kessler, Volker 2012. Virtues and Vices about Money. In *Scriptura 111 (2012:3)* Stellenbosch, 531-543.
Rosner, Brian S. 2007.*Greed as Idolatry. The Origin and Meaning of a Pauline Metaphor*. Grand Rapids, MI: William B. Eerdmans.
Siede, Burghard 1990. Artikel Genügen. In: *Theologisches Begriffslexikon zum Neuen Testament*. Studienausgabe Bd. 1. Wuppertal: R. Brockhaus.

Spiegel 2010. www.spiegel.de, Archiv (abgerufen am 16.2.2010).
Sofsky, Wolfgang 2009. *Das Buch der Laster*. München: C. H. Beck. Kap. 9: Habgier.

13

Dankbarkeit

„Die Dankbarkeit ist die angenehmste aller Tugenden; allerdings nicht die leichteste", schreibt der französische Philosoph André Comte-Sponville (157). Denn Dankbarkeit setzt eine innere Haltung voraus. Ich kann nur dann dankbar sein, wenn ich weiß, dass ich abhängig bin – von Gott selbst, aber auch von anderen Menschen. Das Ego ist dagegen. Es empfängt zwar gerne etwas. Aber es will die Abhängigkeit nicht zugeben. Es ist stolz, und es will niemandem etwas schuldig sein. „In der Dankbarkeit liegt Demut, und Demut ist schwer", folgert Comte-Sponville (:160). Trotzdem hält er fest, dass die Dankbarkeit „die angenehmste aller Tugenden (ist) und das tugendhafteste aller Vergnügen" (:157).

Was ist Dankbarkeit?

Unter Dankbarkeit wird die Gesinnung eines Menschen verstanden, der das an ihm erwiesene Gute erkennt und anerkennt, sich daran erinnert und es erwidert – in Wort und Tat. Das deutsche Wort „Dankbarkeit" stammt vom alt- und mittelhochdeutschen *danc* ab, was „denken" oder „gedenken" bedeutet.

Dankbarkeit in der Philosophie

Dankbarkeit war in der Antike hochgeschätzt. Von Sokrates wurde sie zu den ungeschriebenen Gesetzen gerechnet – von den Göttern selbst gegeben und universell gültig. Dass man eine Wohltat vergelten soll, wurde als Grundprinzip der Gerechtigkeit gesehen. Erst später setzt sich im 2. Jh. n. Chr. der griechische Begriff *eucharistia* dafür durch, der eine dankbare Gesinnung bezeichnet, die sich durch Wort und Tat ausdrückt. Cicero wird die Aussage zugeschrieben, dass „Dankbarkeit nicht nur die größte aller Tugenden, sondern auch die Mutter aller anderen" sei. Auch Josef Pieper ordnet die Dankbarkeit der Gerechtigkeit zu:

> Gerade der Gerechte, ... je mehr er sich als ein Beschenkter, ein vor Gott und den Menschen Verschuldeter weiß – allein der gerechte Mensch wird sich bereit finden lassen, auch Ungeschuldetes zu leisten. Er wird gewillt sein, dem Anderen etwas zu geben, das zu geben niemand ihn zwingen kann. ... Dank zu sagen ist, obwohl natürlich nichterzwingbar, eine eigentliche Gerechtigkeitspflicht. Dennoch ist „dankbar sein" und „danken" nicht dasselbe wie „bezahlen" und „entgelten". (Pieper :110)

Dankbarkeit in der Bibel

Dankbarkeit ist ein zentraler Gedanke sowohl im Alten (hebr. *jadah/barak*) wie auch im Neuen Testament (griech. *eucharistia*). Der Dank ist die Antwort des Menschen an Gott, der ihm Leben gibt, ihn versorgt und ihm seine Gnade gewährt. Diese Haltung kommt beispielhaft im Gebet Jesu bei der Speisung der 5000 zum Ausdruck. Jesus „nahm die fünf Brote und die zwei Fische, blickte auf zum Himmel und dankte" (Mt 14,19). Auch in der Bibel wird deutlich, wie stark „danken" mit „denken" zusammenhängt. Je mehr der Mensch über Gott und sein Wirken nachdenkt, desto mehr kommt er ins Staunen über den Segen Gottes (z. B. Ps 77,6.14). Geistliches Denken führt zum Danken. Die Haltung der Dankbarkeit bringt den Menschen näher zu Gott. Er lernt Gott dadurch besser kennen: „Wer Dank opfert, verherrlicht mich und bahnt einen Weg; ihn werde ich das Heil Gottes sehen lassen" (Ps 50,23).

Der neutestamentliche Begriff *eucharistia* ist von seinen Grundworten her mit dem Gefühl der Freude verknüpft. Dank erwächst aus der Freude über das Empfangene. Doch Dank geschieht nicht automatisch. Paulus fordert deshalb vielfach zum Dank auf. Überwiegend zum Dank an Gott, er kennt aber auch Dankbarkeit gegenüber Menschen (Röm 16,4). Dankbarkeit soll eine Grundhaltung des christlichen Lebens sein: „Sagt allezeit für alles dem Gott und Vater Dank im Namen unseres Herrn Jesus Christus" (Eph 5,20; siehe auch Kol 3,17; 1Thess 5,18; Kol 3,15). Bitten sind mit gleichzeitigem Dank verknüpft (Phil 4,6; Kol 4,2; 1Tim 2,1). Der Dank selber ist stark mit der Tat verbunden (z. B. Joh 14,15). Handeln aus Dankbarkeit steht im Gegensatz zu einem Leben im Laster (Eph 5,4). Und Festigkeit und Wachstum im Glauben sind ebenfalls im Dank verwurzelt (Kol 2,7). Unterschlagener Dank ist eine Ursünde des Menschen (Röm 1,21).

> „Danken" hängt mit „denken" zusammen: Je mehr der Mensch über Gott und sein Wirken nachdenkt, desto mehr kommt er ins Staunen über den Segen Gottes.

Die Aufforderung zur Dankbarkeit ist auch der menschlichen Neigung zum Vergessen geschuldet. Daher die häufige Aufforderung, an Gott zu denken und ihm zu danken (besonders eindrücklich in 5Mo 8). Jesus Christus hat deshalb bewusst das Abendmahl als Denk- und Dankhilfe eingesetzt. „Dies tut zu meinem Gedächtnis" (1Kor 11,24; Lk 22,19). Die prägnanten Einsetzungsworte Jesu führten dazu, dass der Begriff *eucharistia* im Laufe des 2. Jahrhunderts zur Bezeichnung für das Abendmahl selbst wurde.

Vom Wesen der Dankbarkeit

Romano Guardini (:159f.) nennt drei Bedingungen für Dankbarkeit: „Dank gibt es nur vom Ich zum Du. Sobald das Bewusstsein der Person verschwindet, der Apparat vordringt, stirbt er ... Dank gibt es nur im Raum der Freiheit. Sobald sich ein Müssen bildet, oder der Anspruch regiert, wird er sinnlos ... Und Dank gibt es nur in Ehren. Wenn keine gegenseitige Achtung fühlbar wird, geht er in Kränkung unter."

Dankbarkeit ist eine attraktive Tugend. „Echtes Bitten und Geben, echtes Empfangen und Danken ist schön", schreibt Guardini (:158). Dankbarkeit unterscheidet den Menschen auf der einen Seite vom Tier, auf der anderen von der Maschine. „Geben und Danken, die den Menschen aus dem Funktionieren der Maschine wie aus dem Triebsystem des Tieres herausheben, sind ja in Wahrheit der Widerhall von etwas Göttlichem. Denn dass die Welt überhaupt besteht und so unerschöpfliche Fülle umfasst, versteht sich in keiner Weise von selbst, sondern ist, weil es gewollt wurde; ist Tat und Werk" (:160).

Die Existenz der Welt – und unsere Existenz – ist nicht selbstverständlich. Guardini grenzt sich von einem naturalistisch-gottlosen Natur-Begriff ab:

> Die Welt ist nicht „Natur", sondern „Werk"; Werk Gottes. Sie ist, weil Er sie erdacht hat, und weil Er aus einem Geheimnis der Liebesfreiheit heraus will, dass sie sei. So ist sie die währende Gabe Gottes an uns. Auch dass ich selbst bin, ist während Gabe an mich. Dass ich bin, und bin, was ich bin, atmen kann und fühlen und arbeiten – alles das ist in keiner Weise selbstverständlich, sondern anbetender Verwunderung wert. Das zu wissen, gehört zum Grundbewusstsein des Menschen. Immerfort sich aus der Hand Gottes zu empfangen, und also auch dafür zu danken, gehört zur Wesenshaltung des Menschen – des wirklichen Menschen, der in seinem echten Wesen steht. (:160)

Dankbarkeit

Vom Nutzen der Dankbarkeit

André Comte-Sponville – selber Atheist – weist darauf hin, dass die Tugend der Dankbarkeit für den, der sie praktiziert, sehr positive Folgen hat. Denn Dankbarkeit macht frei, die Gegenwart zu genießen. Denn „die Dankbarkeit freut sich über das, was war oder ist: Sie ist also das Gegenteil des Bedauerns oder Nachtrauerns" (:162). Damit ist Dankbarkeit eine gute Hilfe gegen die Bekümmertheit. Sie ist „Freude über das, was ist oder war, gegen die Angst vor dem, was sein könnte."

Die Undankbaren, so der französische Philosoph, verpassen das Leben:

> Sie können nie satt, nie zufrieden, nie glücklich sein ... Die Vergangenheit fehlt ihnen ebenso wie die Zukunft. Der Weise hingegen freut sich, dass er lebt, aber auch, dass er gelebt hat. Die Dankbarkeit (charis) ist Freude des Gedächtnisses, Liebe der Vergangenheit – nicht Schmerz, dass etwas nicht mehr ist, nicht Bedauern, dass etwas nicht war, sondern freudiges Erinnern an das, was gewesen ist. Sie ist wiedergefundene Zeit (:163).

Und doch kommt Comte-Sponville als Atheist hier an eine Grenze. Chesterton (1927 :74) hat einmal darauf hingewiesen, „dass es für einen Atheisten der ärgste Augenblick ist, wenn er sich wahrhaft dankbar fühlt und niemanden hat, dem er danken kann". Denn Dankbarkeit kann „Augenblicke der reinsten Freude erzeugen, die Menschen kennen ... Alle Güter sehen besser aus, wenn sie wie Geschenke aussehen." Dankbarkeit ist nur dann vollkommen und vollständig, wenn sie einen Geber kennt, an den sie sich richtet.

Zum Handeln und Einüben

- Machen Sie sich zu bestimmten festen Zeiten (z. B. am Morgen) regelmäßig bewusst, wie viel Sie Gott verdanken. Danken Sie ihm konkret.
- Werden Sie sensibel für die Gunst und Güte, die Ihnen andere Menschen gewähren. Bringen Sie das ihnen gegenüber durch Dank zum Ausdruck.
- Überlegen Sie, welche praktischen Folgen Dankbarkeit für Sie heute haben kann. Setzen Sie dies in die Tat um.

Ralf Kaemper

Literatur

Coenen, Lothar & Haacker, Klaus 2010. *Theologisches Begriffslexikon zum Neuen Testament.* Witten: SCM R. Brockhaus.

Guardini, Romano 1963. *Tugenden.* Würzburg: Werkbund.

Comte-Sponville, André 1996. *Ermutigung zu einem unzeitgemäßen Leben. Ein kleines Brevier der Tugenden und Werte.* Reinbek: Rowohlt.

Chesterton, Gilbert Keith 1927. *Der Heilige Franziskus von Assisi.* München: Kösel.

Reiner, H. 1972. Artikel Dankbarkeit. In: *Historisches Wörterbuch der Philosophie* (HWPh) Bd. 2. Basel: Schwabe.

Pieper, Josef 2006. *Werke Bd. 4, Schriften zur Philosophischen Anthropologie und Ethik – Das Menschenbild der Tugendlehre.* Hamburg: Meiner.

Regenbogen, Arnim & Meyer, Uwe (Hrsg.) 2005. *Wörterbuch der philosophischen Begriffe.* Hamburg: Meiner.

14

Einfachheit
(Komplexitätsreduktion)

Mit Einfachheit sei die Fähigkeit bezeichnet, Komplexität zu reduzieren. In diesem Sinne ist Einfachheit eine Tugend, die heute relevanter ist als früher. Das Leben wird immer und immer komplexer. Deshalb müssen wir Komplexität reduzieren, um überleben zu können.

Wie sehr Menschen heute in der westlichen Welt unter der Komplexität des Lebens leiden, zeigt der Erfolg der Buch- und Beratungsreihe *Simplify your life*. Seit 1998 gibt es diesen Beratungsdienst, der monatlich Tipps dazu gibt, wie man das Leben entrümpeln und vereinfachen kann. Ausgehend vom gleichnamigen Bestseller (Küstenmacher & Seiwert) gibt es etliche Ableger, die dasselbe Prinzip auf unterschiedliche Lebensbereiche anwenden.

Die Tugend der Einfachheit überschneidet sich zum Teil mit der Tugend der Genügsamkeit (Kap. 12), ist jedoch von dieser zu unterscheiden. Denn erstens ist das Motiv ein anderes: Ein Motiv für Genügsamkeit kann zum Beispiel sein, anderen Menschen genügend übrig zu lassen. Das Motiv für Einfachheit ist, das Leben einfacher zu gestalten. Zweitens kann es in manchen Situationen passieren, dass Genügsamkeit gerade nicht zu Einfachheit im Sinne von Komplexitätsreduktion führt. Ein genügsamer Lebensstil mag dazu führen, dass man sich als Familie mit *einem* Auto begnügt. Diese Entscheidung kann mein Leben vereinfachen, weil ich dann nur bei *einem* Auto Reifen wechseln muss etc. Diese Entscheidung kann mein Leben aber auch verkomplizieren, weil ich mehr absprechen und gelegentlich

Mietwagen organisieren muss, um mobil sein zu können. Beim Kauf eines neuen technischen Geräts mag Genügsamkeit dazu führen, mich für das preisverteste Modell zu entscheiden. Es könnte aber sein, dass ich mich aus Gründen der Einfachheit für ein Modell entscheide, das zwar mehr Geld kostet, jedoch in der Bedienung deutlich einfacher ist. Vordergründig mag Einfachheit als Gegensatz zur Tugend der Klugheit erscheinen. Denn wer sich die Dinge zu einfach macht, ist eben nicht klug. Schwarz-Weiß-Lösungen werden der Komplexität des Lebens meist nicht gerecht. Umso mehr mag es erstaunen, dass gerade in der hoch-komplexen Wissenschaftswelt Einfachheit ein wesentliches Kriterium ist.

Einfachheit bei wissenschaftlichen Erklärungen

In der akademischen Welt hat das Kriterium der Einfachheit einen Vorläufer in *Ockhams Rasiermesser*, einer Regel aus dem 19. Jahrhundert, die nach Wilhelm von Ockham (1288–1347) benannt wurde. In Anlehnung an Ockham fordert diese Regel, nicht mehr theoretische Konzepte oder Erklärungen anzunehmen als notwendig. Überflüssige Annahmen werden mit dem Rasiermesser abgeschnitten.

In der modernen Wissenschaft gibt es verschiedene Neuinterpretationen von Ockhams Rasiermesser. Unterm Strich lautet die Formulierung: *Je einfacher eine Theorie ist, desto wahrscheinlicher ist sie.* Diese Erkenntnis gilt für sehr unterschiedliche Disziplinen. In der Biologie hat der niederländische Mediziner und Botaniker Herman Boerhaave (1668–1738) den Spruch geprägt: „Das Einfache ist das Siegel des Wahren."[1] Er ziert auch das Denkmal, das die Stadt Leiden Boerhaave zu Ehren erbaut hat. In der Physik mag die allgemeine Relativitätstheorie nicht leicht zu verstehen sein, ihr liegt aber doch ein Einfachheitsprinzip zugrunde, von dem ihr Entdecker Einstein stillschweigend ausgegangen ist, wie Stegmüller (:160-177) überzeugend darlegt. Mathematiker benutzen Einfachheit als ersten Test[2], wie DeMillo, Lipton & Perlis (:274) feststellen. Der Philosoph Richard Swinburne (:64) formuliert allgemein für naturwissenschaftliche Erklärungen: „Meines Erachtens kann die enorme Wichtigkeit des Kriteriums der Einfachheit nicht nachdrücklich genug betont werden." In der Forschungspraxis führt das Prinzip der Einfachheit dazu, dass man unter verschiedenen möglichen Erklärungen (Hypothesen) die einfachste bevorzugt.

Natürlich bietet das Prinzip der Einfachheit allein noch keinen Beweis einer Hypothese. Aber es erleichtert die Forschungstätigkeit ungemein.[3] Der Forscher wird eine Hypothese, die nach diesem Prinzip ausgewählt wird, verwerfen, wenn sie mit den Daten nicht vereinbar ist, und zur nächst-einfachen Hypothese greifen. „Einfachheit ist Effektivität" (Hörz :15,34). Und die Erfahrung zeigt, dass häufig die einfachere Formel auch die richtige ist. „Ohne das Kriterium der Einfachheit gäbe es überhaupt keinen Fortschritt im Bereich der Forschung" (Swinburne :67).

Daneben gilt aber auch die Aussage, die Albert Einstein zugeschrieben wird (aber wohl nicht belegt ist): „Man soll die Dinge so einfach machen wie möglich, aber nicht einfacher." Denn man kann auch unzulässig vereinfachen, wie es häufig in der politischen Propaganda passiert, was dann zu Rechts- oder Linkspopulismus führt.

Einfachheit als Konstruktionsprinzip

Das Prinzip der Einfachheit führt zu dem Konstruktionsprinzip: „*KISS* – Keep it simple and stupid", einem Designprinzip der US Navy im Jahre 1960. Es wird auf Kelly Johnson zurückgeführt, der als leitender Ingenieur bei Lookheed die Forderung aufstellte, dass das zu entwerfende Düsentriebwerk von einem durchschnittlichen Ingenieur im Felde unter Kampfbedingungen mit wenigen Werkzeugen reparierbar sein sollte. In der IT-Branche bedeutet *KISS*: Gestalte Software so, dass ein Dritter sie leicht verstehen kann.[4] In der Organisationsentwicklung/Managementlehre heißt *KISS*: möglichst einfache Strukturen, möglichst wenig Hierarchien (Malik :198). Gestalte organisatorische Abläufe so, dass sie leicht beherrschbar sind und möglichst wenige potenzielle Störungspunkte haben.

Man merkt: Dinge einfach zu gestalten ist gar nicht so einfach. Es erfordert Nachdenken, d. h. praktische Klugheit (Kap. 1) ist gefragt. „Intelligenz ist die Kunst, das Komplizierte auf das Einfachere zu reduzieren, und nicht umgekehrt" (Comte-Sponville :180).

> Comte-Sponville: „Intelligenz ist die Kunst, das Komplizierte auf das Einfachere zu reduzieren, und nicht umgekehrt."

Was die Bibel über Einfachheit sagt[5]

Da es sich bei Einfachheit um eine Tugend handelt, deren Notwendigkeit erst durch die zunehmende Komplexität entstanden ist, kann man nicht erwarten, Abhandlungen dazu in der Bibel zu finden. Gelegentlich taucht das Phänomen Einfachheit aber auf. Ein Beispiel ist Jesu Aussage in der Bergpredigt: „Eure Rede aber sei: ja, ja; nein, nein. Was darüber ist, das ist vom Übel" (Mt 5,37, LUT). Diese Anweisung richtet sich zunächst gegen das Schwören. Sie soll aber letztlich die Kommunikation vereinfachen: Entweder man sagt „ja" oder man sagt „nein". Alle zusätzlichen Schwüre führen zu Abstufungen und lösen die Frage beim Empfänger aus: Wie verbindlich ist das nun? Ist es ernster, wenn jemand bei seinem Haupt oder beim Tempel schwört? Jesus fordert dazu auf, einfach und klar zu kommunizieren.

Ein anderes Beispiel erleben wir bei den Streitgesprächen über den Sabbat. Die verschiedenen jüdischen Gruppierungen hatten viele verschiedene Zusatzregeln zum Sabbat entwickelt. Jesus hält sich nicht an diese Zusatzregeln und rückt stattdessen die Einfachheit des Sabbatgebots wieder in den Fokus (Mk 2,27.28). „Sechs Tage sollst du arbeiten, aber am siebten Tag sollst du ruhen" (2Mo 34,21a).

Zum Teil entspricht der biblische Begriff der Einfalt inhaltlich dem, was wir hier mit Einfachheit meinen. Entsprechend übersetzt die *English Standard Version* in 2. Korinther 1,12 das Wort Einfalt mit

Einfachheit (Komplexitätsreduktion)

simplicity. Allerdings wird das Wort Einfalt in der Bibel selbst unterschiedlich verwendet und damit auch unterschiedlich bewertet. In den Sprüchen (z. B. Spr 1,22.32; 14,15 u. a.) ist der „Einfältige" (hebräisch *päti*) der Unerfahrene, leicht Verführbare, dem Weisheit mangelt, der sie aber noch lernen kann (Spr 19,25; 21,11). Einfalt steht hier im warnenden Gegensatz zu Weisheit, und die Sprüche fordern dazu auf, die Einfalt abzulegen. Das meinen wir natürlich nicht, wenn wir von der Tugend der Einfachheit sprechen.

Dagegen ist im Neuen Testament der Ausdruck Einfalt positiv besetzt und dieser Gebrauch passt zur Tugend der Einfachheit, wie wir sie verstehen. Die Einfalt des Christen gegenüber Christus gilt als erstrebenswert (2Kor 11,3). Einfalt bedeutet hier „Ungeteiltheit des Herzens". Hintergrund ist die alttestamentliche Sprechweise, wonach die Ausdrücke „aufrichtiges Herz" (1Chr 29,17) und „ungeteiltes Herz" (1Chr 29,9) synonym gebraucht werden können. Dieses Bild vom ungeteilten Herzen schwingt mit, wenn Jesus feststellt: „Niemand kann zwei Herren dienen" (Mt 6,24). Ein einfältiges Herz ist ein Herz, das sich auf Gott ausrichtet und sich von nichts anderem ablenken lässt. Diese Problematik wird in der Geschichte von Maria und Marta deutlich. Marta ist „sehr beschäftigt mit vielem Dienen" (Lk 10,41), Maria dagegen konzentriert sich ganz auf den Einen (Lk 10,42). Man kann Jesu Worte nur dann aufnehmen, wenn man ihm die volle Konzentration schenkt.

Zum Handeln und Einüben

- In der Kommunikation: Sage das, was du sagen willst, so einfach wie möglich. „Warum kompliziert, wenn es auch einfach geht, warum lang, wenn es auch kurz geht, warum dunkel, wenn man auch klar sein kann?" (Comte-Sponville :180). Man beherzige die Warnung von Sprüche 10,19: „Wo viele Worte sind, da geht's ohne Sünde nicht ab."

Lust auf gutes Leben

- Egal, was du tust: Konzentriere dich auf *eine* Sache. Menschliches Multitasking ist eine Illusion. Niemand kann wirklich zwei Dinge gleichzeitig im Auge haben. Man wechselt nur sehr schnell hin und her, aber dieses permanente Umschalten kostet Energie und Zeit. Untersuchungen zeigen, dass Testpersonen gegebene Aufgaben schneller und besser lösen, wenn sie diese nacheinander angehen, anstatt sie parallel zu bewältigen suchen.
- Bei Entscheidungen: Der Drang, immer das optimale Ergebnis rauszuholen, macht das Leben komplex und schwer. Ständig muss man sich informieren: Was ist aktuell der beste Mobiltelefontarif für mich? Man gestaltet sein Leben einfacher, wenn man bewusst in Kauf nimmt, nicht den aktuell optimalen Tarif zu haben. Dann muss man nicht ständig über Änderungen auf dem Laufenden sein. Häufig ist die Ersparnis nicht wert, dass man so viel Lebenszeit in die Informationsbeschaffung investiert.
- Im täglichen Leben: Gestalte das Lebensumfeld, den Wohnraum so, dass man mit möglichst wenig Pflege auskommt. Das könnte für Blumenfreunde bedeuten: lieber Kakteen, Palmen und Orchideen statt pflegeintensiver Blumen.

Wer konsequent die Tugend der Einfachheit pflegt, vereinfacht sein Leben – und das tut gut!

Volker Kessler

Anmerkungen

[1] Boerhaave hat ihn natürlich in Latein, der damaligen Wissenschaftssprache, formuliert: *Simplex sigillum veri*.
[2] „Mathematicians use simplicity as the first test of a proof" (DeMillo, Lipton & Perlis :274).
[3] Eine persönliche Erfahrung von mir: Bei meiner Dissertation in Mathematik führte mich das Rechnen eines Beispiels zur richtigen Formel, weil ich danach die einfachst-mögliche Formel als zu beweisende Hypothese wählte.

Einfachheit (Komplexitätsreduktion)

⁴ „Keep it simple (KISS): First of all, when you design, solve things in the simplest way possible. Your goal should be simplicity" (Freeman & Freeman :594). Ich danke meinem Sohn Micha Kessler, Student der Informatik, für diesen Literaturhinweis.

⁵ Ich danke meinen Co-Autoren Horst Afflerbach und Ralf Kaemper für gute Impulse zu diesem Abschnitt.

Literatur

Comte-Sponville, André 1996. *Ermutigung zu einem unzeitgemäßen Leben. Ein kleines Brevier der Tugenden und Werte.* Reinbek: Rowohlt. Kap. 12: Die Einfachheit.

DeMillo, Robert; Lipton Richard J. & Perlis, Alan J. 1979. *Social Processes and Proofs of Theorems and Programs.* In: Communications of the ACM 22/5, S. 271-280.

Freemann, Eric & Freeman, Elisabeth 2004. *Head First Design Patterns.* Bejing et al: O'Reilly Media.

Gärtner, Burkhard 1990. Artikel *Haplotes* (Aufrichtigkeit, Einfalt). In: *Theologisches Begriffslexikon zum Neuen Testament.* Studienausgabe Bd. 1. Wuppertal: R. Brockhaus.

Heinz-Mohr, Gerd 1972. Artikel Einfalt. In: *Historisches Wörterbuch der Philosophie* (HWPh) Bd. 2 Basel: Schwabe.

Hötz, Herbert 2010. Philosophischer Reduktionismus oder wissenschaftlich berechtigte Reduktionen? Zu den erkenntnistheoretischen Grundlagen des Prinzips Einfachheit. In: *Sitzungsberichte der Leibniz-Sozietät der Wissenschaften zu Berlin.* 108, S. 11-36. http://leibnizsozietaet.de/wp-content/uploads/2011/05/02_hoerz.pdf (abgerufen am 20.3.2014).

Küstenmacher, Werner Tiki & Seiwert, Lothar 2004. *Simplify your life. Einfacher glücklicher leben.* 12. Aufl. Frankfurt, New York: Campus.

Malik, Fredmund 2006. *Führen. Leisten. Leben. Wirksames Management für eine neue Zeit.* Frankfurt: Campus.

Swinburne, Richard 1987. *Die Existenz Gottes.* Stuttgart: Reclam.

Stegmüller, Wolfgang 1970. *Erfahrung, Festsetzung, Hypothese und Einfachheit in der wissenschaftlichen Begriffs- und Theoriebildung.* Studienausgabe Teil A. Berlin, Heidelberg, New York: Springer.

15

Hoffnung

Es war die Topnachricht in den Medien. Einer der bekanntesten deutschen Unternehmer und Wirtschaftsgrößen, Adolf Merckle, sah keinen anderen Ausweg mehr, als seinem Leben ein Ende zu machen. Nach Bekanntwerden des ganzen Ausmaßes der Finanzkrise und ihrer Auswirkungen auf seine Unternehmen verließ ihn die Hoffnung und er setzte seinem Leben ein Ende. Die Betroffenheit der Menschen und die bundesweite Anteilnahme waren gewaltig und bewegend zugleich. Hätte es nicht einen Ausweg gegeben?

Die Hoffnung gehört zum Leben wie der Sauerstoff zum Atmen. Wer keine Hoffnung mehr hat, hat keine Lebensperspektive mehr. „Nimm die Hoffnung weg, so kommt die Atemnot über den Menschen, die Verzweiflung heißt … Der Vorrat an Sauerstoff entscheidet über das Schicksal der Organismen, der Vorrat an Hoffnung entscheidet über das Schicksal der Menschheit" schrieb der Zürcher Theologe Emil Brunner (:165). Hoffnung gibt dem Leben Sinn, macht es lebenswert, setzt Kräfte frei und eröffnet Perspektiven über die momentane Situation hinaus.

> Emil Brunner: „Der Vorrat an Sauerstoff entscheidet über das Schicksal der Organismen, der Vorrat an Hoffnung entscheidet über das Schicksal der Menschheit."

Kann man ohne Hoffnung überhaupt leben? So paradox es klingt, das ist genau die Weisheit des Buddhismus und des Samkhya im Orient. Im Samkhya-Sutra ist zu lesen: „Nur der Hoffnungslose ist glücklich, denn die Hoffnung ist die größte Qual und die Verzweiflung das größte Glück."[1] Das Paradox ist offensichtlich. Der Weise wünscht nur, was ist und was er gestalten kann. Der Verrückte hofft nur, was nicht ist. Sind also Hoffende verrückt und Hoffnungslose weise?

In Antike und Philosophie

In der Antike spielt der Begriff Hoffnung so gut wie keine Rolle. Der Grund liegt im antiken Weltverständnis. Einerseits gibt es die Haltung: „Alles ist vorgegeben" – den Determinismus, der keinerlei Spiel- und Gestaltungsraum (und dadurch Hoffnung) für den Menschen lässt. Andererseits gibt es die Lehre von der Unsterblichkeit der Seele bei Sokrates und seinem Schüler Platon. Nach Platons Vorstellung ist die Seele individuell und verlässt beim Tod des Menschen dessen Körper als ihr Gefängnis. Sie lebt körperlos weiter. Sie geht zurück in die Welt der ewigen, unwandelbaren Ideen, bis sie irgendwann in einen neuen Körper inkarniert wird. Eine persönliche Hoffnung kann man das nicht nennen.

> Kant: Was kann ich wissen?
> Was soll ich tun?
> Was darf ich hoffen? –
> Was ist der Mensch?

Seit *Aristoteles* und der *Stoa* ist es geläufig, die Hoffnung wie die Befürchtung einerseits den erwartungsbezogenen Affekten der Vorfreude oder der Furcht zuzuordnen und diese andererseits, weil sie unbeständig sind, einer besonnenen Vernunftführung zu unterstellen. Hoffnung wird bei Aristoteles demnach als Ausdruck vernünftigen Steuerns von Affekten gedacht.

Immanuel Kant hat in seinem Hauptwerk „Die Kritik der reinen Vernunft" (KrV) die drei anthropologischen Grundfragen: „Was kann ich wissen?" „Was soll ich tun?" „Was darf ich hoffen?" zusammengefasst in der zentralen Frage: „Was ist der Mensch?" Die erste Frage beantwortet seiner Meinung nach die Metaphysik, die zweite die Moral, die dritte die Religion, und die vierte die Anthropologie. Damit macht er deutlich, dass Hoffnung zum Menschsein grundlegend dazugehört und Religion eine wichtige Rolle dabei spielt. Auf die Frage, worauf die Hoffnung zielt, antwortet Kant schlicht: „Alles Hoffen geht auf Glückseligkeit" (KrV, A 805/B833). Dabei ist er realistischerweise der Überzeugung, dass die wahre Glückseligkeit unter empirischen Bedingungen nicht wirklich erreichbar ist.

Der neomarxistische Philosoph *Ernst Bloch* hat mit seinem großen

Werk „Das Prinzip Hoffnung" (Bloch 1959) eine Utopie der Hoffnung entworfen. Schon in seiner Promotion befasst er sich mit utopischem Denken und dem „Noch-nicht Gewordenen". In seinem Werk „Geist der Utopie" beschäftigt er sich dann mit „konkreten Utopien". Er ist der Philosoph der Utopie. Der Mensch denkt über sich hinaus. Konkret nennt Bloch Geschichten der Tagträume, der eschatologischen Entwürfe, der sozialen und religiösen Utopien. Ihn interessiert die Frage, welche Rolle die Hoffnung in der menschlichen Geschichte, in Kultur und Kunst, in Dichtung und Religion spielt. Dabei entdeckt er, dass Utopien, Entwürfe einer neuen Welt und Gesellschaft, dem Menschen besondere Kraft verleihen, sie auch zu verwirklichen. Das Möglich-Seiende wird schließlich zur Ermöglichung oder dem Vermögen, Träume zu verwirklichen.

Bekannt geworden sind vor allem seine letzten Sätze des 3. Bandes, in denen er die Hoffnung der Menschen auf Heimat fast sehnsüchtig so zusammenfasst:

> Der Mensch lebt noch überall in der Vorgeschichte, ja alles und jedes steht noch vor Erschaffung der Welt, als einer rechten. Die wirkliche Genesis ist nicht am Anfang, sondern am Ende, und sie beginnt erst anzufangen, wenn Gesellschaft und Dasein radikal werden, das heißt sich an der Wurzel fassen. Die Wurzel der Geschichte aber ist der arbeitende, schaffende, die Gegebenheiten umbildende und überholende Mensch. Hat er sich erfaßt und das Seine ohne Entäußerung und Entfremdung in realer Demokratie begründet, so entsteht in der Welt etwas, das allen in die Kindheit scheint und worin noch niemand war: Heimat. (Bloch :1628)

Mit diesen Aussagen wird der Unterschied zur christlichen Hoffnung (s. u.) besonders deutlich. Der Mensch schafft und ermöglicht sich nach Bloch seinen Sehnsuchtsort selbst.

Hoffnung

Der zeitgenössische französische Philosoph *André Comte-Sponville* schreibt in seinem Buch „Woran glaubt ein Atheist" (Comte-Sponville 2008) sehr ehrlich und beeindruckend, dass man auch als Atheist durchaus Werte haben und wertebezogen leben kann. Im Blick auf die dritte Frage Kants: „Was darf ich hoffen?" wird der Unterschied zwischen Christen und Atheisten allerdings am deutlichsten:

> Den Glauben zu verlieren ändert nichts am Wissen und wenig an der Moral. Aber er verändert das Ausmaß der Hoffnung – oder der Verzweiflung – im Leben jedes Einzelnen beträchtlich. Was dürfen Sie hoffen, wenn Sie an Gott glauben? Alles, jedenfalls das Wichtigste: dass am Ende das Leben über den Tod triumphiert, die Gerechtigkeit über die Ungerechtigkeit, der Friede über den Krieg, die Liebe über den Hass, das Glück über das Unglück ... Und was dürfen Sie hoffen, wenn Sie nicht oder nicht mehr an Gott glauben? Nichts, jedenfalls nichts Absolutes oder Ewiges, das über den „sehr dunklen Grund des Todes" ... hinausführt. (Comte-Sponville :67)

Sehr ehrlich und sehr berührend spricht er dann von der „fröhlichen Verzweiflung" eines Atheisten, die er als alternatives Lebensprogramm zu der Hoffnung der Christen beschreibt. „Wir appellieren, wir fordern, wir reden uns Mut zu, wir haben aber keine lebendige Hoffnung" (:69). Aber wir brauchen sie eigentlich auch nicht, wenn wir stattdessen die Liebe kennen und üben. So versteht er die Botschaft Jesu, den er als Mensch, als Vorbild, als Lehrer für das irdische Leben sehr verehrt. Nicht Glaube oder Hoffnung machen demnach das Leben eines Menschen aus, sondern Liebe, Mitgefühl und Gerechtigkeit (:73). Denn Glaube und Hoffnung würden nach 1. Korinther 13 vergehen, die Liebe nicht. So zitiert er Augustin mit den Worten: „Alle drei Tugenden Glaube, Hoffnung und Liebe, sind notwendig in diesem Leben; aber nach diesem Leben genügt die Liebe" (:75).

Er fragt: „Wozu von einem Himmelreich träumen? Das Paradies ist hier und jetzt" (:75). Wir müssen den materiellen und spirituellen Raum bewohnen und gestalten. Das sei die Botschaft Jesu gewesen. Er bekennt, dass er sich „eine Art inneren Christus zurechtgezimmert [hat], der mich begleitet oder leitet" (:81).

Allerdings gibt er zähneknirschend zu, dass der entscheidende Unterschied zwischen Atheisten und Christen „diese drei Tage" sind, „die sich durch die Auferstehung zur Ewigkeit öffnen [und] einen verdammten Unterschied bilden, der sich nicht aufheben lässt" (:81).

Die christliche Hoffnung

Hoffnung ist nicht nur ein Kernbegriff des christlichen Glaubens, sondern sie ist wesentlich für ihn. Der Glaube ist mit der Hoffnung untrennbar verbunden. Die sicher bekannteste Definition von Glauben findet sich in Hebräer 11,1: „Es ist aber der Glaube eine feste Zuversicht auf das, was man hofft und ein Nichtzweifeln an dem, was man nicht sieht" (LUT). So schreibt auch Petrus den angefochtenen Christen in der Zerstreuung: „Ihn habt ihr nicht gesehen und habt ihn doch lieb; und nun glaubt ihr an ihn, obwohl ihr ihn nicht seht" (1Petr 1,8). Das macht genau das Wesen der Glaubenshoffnung aus. Sie bezieht sich auf den unsichtbar Wirklichen. Das war im Alten Testament schon so. Das ist im Neuen Testament und im Leben aller Christen seither nicht anders.

In gewisser Weise ist Hoffnung also paradox. Sie besteht gegen den Schein des Sichtbaren, bzw. sie geht über das Sicht-, Mess- und menschlich Nachweisbare hinaus. Als der Jünger Thomas seinen Kollegen deutlich zu verstehen gibt, dass er nicht glauben würde, solange er nicht die Nägelmale Jesu mit eigenen Augen gesehen haben würde, überrascht ihn der auferstandene Christus mit der Ansage: „Glücklich sind, die nicht gesehen und doch geglaubt haben" (Joh 20,29).

Gegen den sichtbaren Schein zu glauben ist das Merkmal eines

Hoffnung

sich in Gottes Wort festmachenden Glaubens. So wird Abraham im Römerbrief als das Glaubensvorbild beschrieben, der durch den Glauben an sein Wort von Gott gerechtfertigt wird: „Abraham aber glaubte Gott, und es wurde ihm zur Gerechtigkeit gerechnet" (Röm 4,3; vgl. 1Mo 15,6). Dieser Glaube war ein Akt paradoxer Hoffnung von Abraham, „der gegen Hoffnung auf Hoffnung hin geglaubt hat" (Röm 4,18). Denn obwohl er „den eigenen, schon erstorbenen Leib" ansah, „der fast hundert Jahre alt war und das Absterben des Mutterleibes der Sara, zweifelte er nicht durch Unglauben an der Verheißung Gottes, sondern wurde gestärkt im Glauben, weil er Gott die Ehre gab" (Röm 4,19.20).

> Gegen den sichtbaren Schein zu glauben ist das Merkmal eines sich in Gottes Wort festmachenden Glaubens.

Zusammenfassend kann man sagen: Der Grund der Hoffnung ist Gott selbst. Der Glaubende macht seine Hoffnung nicht an den eigenen Möglichkeiten oder in selbst entworfenen Utopien fest, sondern an der Zusage und dem Handeln Gottes. Gottes Handeln in Christus ist die Grundlage der lebendigen Hoffnung der Christen. Sie loben den, „der uns wiedergeboren hat zu einer lebendigen Hoffnung durch die Auferstehung Jesu Christi von den Toten" (1Petr 1,3). Hoffnung bezieht sich nicht auf ein Futurum, sondern auf ein Perfektum, nicht auf eine Utopie, sondern auf eine reale, wenn auch unsichtbare Wirklichkeit, die durch die Auferstehung Christi konstituiert worden ist.

Diese lebendige Hoffnung ist so gewiss, dass sie im Neuen Testament mit einem Anker verglichen wird, der sich in Gottes Welt festmacht. Daher werden Christen ermutigt, „an der angebotenen Hoffnung festzuhalten", die sie haben „als einen sicheren und festen Anker unserer Seele, der hineinreicht bis in das Innere hinter dem Vorhang" (Hebr 6,18b.19).

Aufgrund dieser Gewissheit werden Christen aufgefordert: „Seid fröhlich in Hoffnung, geduldig in Trübsal, beharrlich im Gebet" (Röm 12,12, LUT). Christliche Hoffnung vertröstet also nicht auf ein imaginäres Jenseits, sondern tröstet in Leiderfahrungen und befähigt zu einem der Welt zugewandten Handeln.

Das ist der wesentliche Unterschied der christlichen Hoffnung zu allen philosophisch-utopischen Ansätzen.

Zum Handeln und Einüben

- Machen Sie sich den Grund Ihrer Hoffnung konkret bewusst und denken Sie darüber nach, warum die Hoffnung lebendig ist und Sie lebendig macht.
- Schreiben Sie auf, warum Sie in Ihrer vielleicht schwierigen Situation Hoffnung gewinnen können und wie sie konkret aussieht.
- Meditieren Sie folgenden Vers aus Römer 15,13: „Der Gott der Hoffnung aber erfülle euch mit aller Freude und allem Frieden im Glauben, dass ihr immer reicher werdet an Hoffnung durch die Kraft des Heiligen Geistes."

Horst Afflerbach

Anmerkungen

[1] Zit. in Comte-Sponville :69. Das Samkhya (sanskrit) „ist eines der ältesten philosophischen Systeme indischen Ursprungs. Wegen seines großen Einflusses auf spätere Entwicklungen innerhalb der indischen Philosophie zählt es ... zu den richtungsweisendsten Strömungen vedisch orientierten Denkens" (wikipedia) und dadurch auch des Yoga.

Literatur

Bloch, Ernst 1959. *Das Prinzip Hoffnung*. 3 Bde. Frankfurt: Suhrkamp.
Brunner, Emil 1965. *Das Ewige als Zukunft der Gegenwart*. Gütersloh: Siebenstern.

Hoffnung

Comte-Sponville, André 2008. *Woran glaubt ein Atheist? Spiritualität ohne Gott.* Zürich: Diogenes.

Kant, Immanuel 1781. *Kritik der reinen Vernunft.* Verschiedene Ausgaben. Zitiert wird sie im akademischen Kontext: KrV A (1. Ausg. 1781), B (2. Ausg. 1787).

Solch ein Mensch möchte ich werden

Selbst bei seinem Sterben hat Jesus Menschen noch beeindruckt: „Wirklich, dieser Mensch war gerecht", entfuhr es dem römischen Hauptmann, der seine Kreuzigung bewachte (Lk 23,47). Viele sehen in Jesus ein Vorbild. Christen haben den Wunsch, ihm ähnlicher zu werden. Manche zeigen dies durch ein Armband: „What would Jesus do?" wird zur Leitfrage für ihr alltägliches Handeln. Christen möchten so handeln, wie Jesus gehandelt hätte.

Dies ist auch der tiefere Sinn der Tugenden, so zu handeln, wie Jesus gehandelt hätte, und so zu werden, wie er war. Wir haben bei den einzelnen Tugenden immer wieder darauf hingewiesen, wo sich diese Tugend im Leben Jesu zeigte. Besonders auffällig ist die Demut (→ Kap. 5), die zum Kennzeichen für Jesu Gesinnung wird (Phil 2,5-11). Offensichtlich war Jesus auch genügsam (→ Kap. 12): „Die Füchse haben Gruben und die Vögel unter dem Himmel haben Nester; aber der Menschensohn hat nichts, wo er sein Haupt hinlege" (Mt 8,20 LUT). Da Jesus selbst kein Haus zur Verfügung hatte, fehlten ihm die üblichen Mittel, Gastfreundschaft anzubieten (→ Kap. 10). Jesus nahm öfters die Gastfreundschaft anderer an, als dass er selbst Gastfreundschaft anbieten konnte. Dennoch zeigt sich die Tugend der Gastfreundschaft, wenn er sich darum sorgt, dass die Zuhörer hungrig sein müssen, und er mit wenigen Mitteln ein Mahl für Fünftausend (Mt 14,15-21) bzw. Viertausend (Mt 15, 32-38) bereitet. Und Jesu Aussage „In meines Vaters Hause sind viele Wohnungen ... Ich gehe hin, euch die Stätte zu bereiten" (Joh 14,2 LUT) spiegelt himmlische Gastfreundschaft pur wider.

An einer anderen Begebenheit wird deutlich, wie Jesus die ersten vier Tugenden (→ Kap. 1–4) lebt:

> Jesus aber ging zum Ölberg. Und frühmorgens kam er wieder in den Tempel, und alles Volk kam zu ihm, und er setzte sich und lehrte sie. Aber die Schriftgelehrten und Pharisäer brachten eine Frau, beim Ehebruch ergriffen, und stellten sie in die Mitte und sprachen zu ihm: Meister, diese Frau ist auf frischer Tat beim Ehebruch ergriffen worden. Mose aber hat uns im Gesetz geboten, solche Frauen zu steinigen. Was sagst du? Das sagten sie aber, ihn zu versuchen, damit sie ihn verklagen könnten. Aber Jesus bückte sich und schrieb mit dem Finger auf die Erde. Als sie nun fortfuhren, ihn zu fragen, richtete er sich auf und sprach zu ihnen: Wer unter euch ohne Sünde ist, der werfe den ersten Stein auf sie. Und er bückte sich wieder und schrieb auf die Erde. Als sie aber das hörten, gingen sie weg, einer nach dem andern, die Ältesten zuerst; und Jesus blieb allein mit der Frau, die in der Mitte stand. Jesus aber richtete sich auf und fragte sie: Wo sind sie, Frau? Hat dich niemand verdammt? Sie antwortete: Niemand, Herr. Und Jesus sprach: So verdamme ich dich auch nicht; geh hin und sündige hinfort nicht mehr. (Joh 8,1-11)

Eine vertrackte Situation: Wieder einmal versuchen die Schriftgelehrten und Pharisäer, Jesus mit einer Fangfrage aufs Glatteis zu führen: „Soll diese Ehebrecherin gesteinigt werden?" Stimmt er der Steinigung zu, verliert er Sympathie beim Volk; lehnt er die Steinigung ab, stellt er sich gegen das Mosaische Gesetz (3Mo 20,10). Jesu Antwort zeugt von Klugheit (→ Kap. 1). Mit der Aussage „Wer unter euch ohne Sünde ist, der werfe den ersten Stein auf sie" befreit er sich aus dem Entweder-oder-Dilemma. Ferner setzt sich Jesus hier für Gerechtigkeit ein (→ Kap. 2). Offensichtlich geschieht der Frau hier einseitig Unrecht. Denn zum Ehebruch gehören nun mal zwei, und nach 3. Mose 20,10 müssten beide, Mann und Frau, gesteinigt werden. Die Schriftgelehrten und Pharisäer haben den Mann aber nicht angeklagt, was offenbar ein Unrecht ist. Und Jesus zeigt Mut (→ Kap. 3). Er setzt sich ein für eine schutzlose Frau, die sich in dieser Situation selbst nicht mehr helfen kann. Jesus zeigt Mut, auch auf die Gefahr hin, dass er es sich wieder einmal mit der religiösen Oberschicht verscherzt. Aber Jesus setzt sich auch ein für Besonnenheit (→ Kap. 4): Denn er fordert die Frau unmissverständlich auf, nun nicht mehr zu sündigen. So zeigt diese Episode, dass Jesus klug, gerecht, mutig und besonnen war, die vier Kardinaltugenden, die auch in Weisheit 8,7 gepriesen werden. Im Abschiedswort Jesu an die Frau klingt auch die Tugend der Vergebungsbereitschaft an, eine Tugend, die der Antike fremd war (→ Kap. 7).

> Die Tugenden müssen genährt und geübt werden. Das macht nicht immer Spaß. Auch Fußballtraining macht nicht immer Spaß. Aber es ist eine große Freude, wenn man in der entscheidenden Situation den genialen Pass spielen kann, der zum Tor führt.

Beim Betrachten dieser Geschichte entstehen in mir zwei Wünsche: Mein erster Wunsch: Sollte ich einmal in eine solch ausweglose Situation geraten wie diese Frau, aus der ich allein nicht mehr herauskomme, hoffe ich, dass jemand da ist, der sich für mich einsetzt wie Jesus und mich aus dieser Situation befreit.

Mein zweiter Wunsch: Sollte ich miterleben, wie jemand ungerecht behandelt wird, hoffe ich, dass ich so wie Jesus handle. Ich möchte so viel Gerechtigkeitssinn haben, dass mir die Ungerechtigkeit auffällt. Ich wünsche mir so viel Mut, dass ich mich für diese Person auch gegen den Widerstand anderer einsetze. Und schließlich möchte ich in dem Moment so viel Klugheit haben, dass ich in dieser Situation die richtigen Worte finde. Mit anderen Worten: Ich wäre gerne solch ein Mensch wie Jesus, der sich für andere in guter Weise einsetzt.

Zwar weiß ich, dass ich das nicht aus eigener Kraft kann, sondern nur in der Kraft des Heiligen Geistes. Aber es wäre naiv zu glauben,

Solch ein Mensch möchte ich werden

man würde mit dem Empfang des Geistes automatisch und sofort einen neuen Charakter bekommen. Die Tugenden müssen genährt und geübt werden. Das macht nicht immer Spaß. Auch Fußballtraining macht nicht immer Spaß. Aber es ist eine große Freude, wenn man in der entscheidenden Situation den genialen Pass spielen kann, der zum Tor führt. Genauso ist es mit den Tugenden: Durch regelmäßiges Einüben wird auch Tugend zur Lust, und man kann als der Mensch handeln, der man sein möchte.

Volker Kessler

Theologisches Postscript

Wenn man aus christlicher Sicht über Tugenden nachdenkt, muss man sich einer doppelten Herausforderung stellen. Auf der einen Seite ist ein großes philosophisches und humanistisches Erbe mit aufzunehmen und zu würdigen, auf der anderen Seite der spezifisch christliche Ansatz der Tugenden herauszustellen und vom paganen (heidnischen) zu unterscheiden.

Sehr deutlich wird im Neuen Testament auf die Tugenden verwiesen. Sie sind Ausdruck von Gottes Wesen und sollen Menschen in ihrer Gesinnung und ihrem Verhalten prägen, damit Gottes Wohltaten erkennbar werden (1Petr 2,10). Dabei gibt es inhaltlich große Schnittmengen zwischen außerchristlichen und christlichen Tugendentwürfen. Nach Paulus haben auch die Nationen (Nicht-Juden)[1] ein Ethos und sind in der Lage, das Gesetz – also den Willen Gottes – zu erfüllen. Obwohl sie es zwar explizit nicht kennen, sind sie doch von Natur aus fähig, es zu tun, weil es „in ihr Herz geschrieben ist" (Röm 2,15). Dieses Tun des Guten macht sie zwar vor Gott nicht gerecht, lässt sie aber ohne Entschuldigung bleiben, wenn sie ihm Rechenschaft geben müssen (Röm 1,21; 2,14-16).

Das ist der Grund, warum sich das Ethos der Nationen mit dem christlichen Ethos durchaus verbinden lässt. In der katholischen Moraltheologie wird dieser Zusammenhang traditionell viel stärker gesehen und gepflegt als in der protestantischen Theologie. Die Grundlage dafür hat der bekannteste Vertreter der Scholastik, Thomas von Aquin, in seinem großen theologischen Werk *Summa theologica* gelegt. Die beiden Wirklichkeitsbereiche Natur (die natürliche Wirklichkeit) und

Theologisches Postscript

Gnade (die übernatürliche Wirklichkeit) werden – im Gegensatz zu einem reformatorischen Verständnis der strikten Trennung – nicht als Gegensätze, sondern als Ergänzung zum Guten verstanden. Sein berühmter Satz *„Gnade setzt Natur voraus und vollendet sie"* kann als paradigmatisches Verständnis des untrennbar Aufeinander-bezogen-Seins beider Dimensionen verstanden werden. Eine natürliche Theologie (man kann Gott mit dem natürlichen Verstand erkennen) und eine natürliche Ethik (man kann Gutes tun auch ohne Christ zu sein) sind grundsätzlich möglich und gewollt. Aristoteles und Paulus lassen sich von diesem Verständnis her vereinbaren. Im Blick auf die Beschreibungen und Ziele der Tugenden sind daher große Übereinstimmungen möglich.

> Thomas von Aquin: „Gnade setzt Natur voraus und vollendet sie."

Im evangelisch-protestantischen Bereich führte die wegen des Sündenfalls negative Beurteilung von Natur und Welt zu deren scharfer Trennung von der Gnade. Die Gnade kann nicht einfach an der Natur anknüpfen, sondern muss sie quasi erst töten und dann erneuern. Töten und lebendig machen, Sterben und Auferstehen sind Ausdruck einer Theologie des Kreuzes, die lange auch zu einer Ablehnung des Naturrechts und damit auch der Tugenden geführt hat. Diese Trennung ist – wie die Wirkungsgeschichte zeigt – für die praktische Lebensgestaltung recht folgenschwer. Entweder weitet sich evangelisches Ethos zu einem säkularen Freiheitspostulat, das ethische Fragen relativiert und damit beliebig wird (liberaler Protestantismus) oder es verengt sich zu einem gesetzlich-kasuistischen Reglement, das nicht nur die Luft zum Atmen nimmt, sondern auch zu einer doppelten Moral führen kann (pietistisch-fundamentalistischer Kontext). Im gemeindlichen Kontext lebt man fromm, im säkularen weltlich. Im Stillen leidet man – je nach Persönlichkeitstyp – an der doppelten Moral oder arrangiert sich notgedrungen mit der ethischen Schizophrenie.

Die Wiederentdeckung der Tugenden als Gesinnung und praktische Verwirklichung des Guten kann helfen, diesen ethischen Widerspruch zu überwinden und vom Geist des Evangeliums her neu zu gestalten.

Dabei wird schnell deutlich, dass eine christliche Tugendethik sowohl die aristotelische als auch die christliche – die dem Evangelium gemäße – Dimension der Ethik gleichzeitig in den Blick zu nehmen hat. Die oft als Gegensätze empfundenen Dimensionen Gesetz und Geist, Anspruch und Zuspruch, Schwachheit und Kraft, Ohnmacht und Macht gehören für einen Christen zusammen und führen ihn in dieser erlebten Spannung immer wieder zu Jesus Christus selbst. Er vereinigte nach biblischem Verständnis die Tugenden Gottes in sich selbst, lebte sie und gibt den an ihn Glaubenden Kraft und Motivation, das Gute zu tun.

Tugendethik im Kontext ethischer Ansätze

Man kann verschiedene Arten und Zugänge unterscheiden, wie man Ethik einteilt und betreibt (siehe etwa Afflerbach :44ff.). In der angelsächsischen Literatur werden häufig drei Ansätze aufgeführt.[2] Sie unterscheiden sich durch ihre jeweilige Leitfrage:
1. Die Pflichtenethik (auch deontische Ethik genannt) fragt: Welche Handlung fordert das Gesetz, die Pflicht? Denn das Sittengesetz ist in jedem Fall zu erfüllen.
2. Die Nutzenethik (auch utilitaristische Ethik genannt) fragt: Was sind die Konsequenzen einer Handlung? Handle so, dass das größtmögliche Maß an Glück entsteht (*Maximum-Happiness-Principle*).
3. Die Tugendethik fragt: Was würde ein guter Mensch tun? Entwickle deinen Charakter so, dass du „automatisch" das Gute tust.

Alle drei Ansätze haben ihre Berechtigung, aber auch ihre Begrenzungen. In der Bibel finden wir alle drei:
1. Das moralische Gesetz wird hoch geachtet, und Jesus fordert beispielsweise den reichen Jüngling auf, die Gebote zu befolgen (z. B. Mt 19,17-19).
2. Der Hohepriester Kaiphas argumentiert nutzenethisch, wenn er feststellt: „Es ist besser für euch, ein Mensch sterbe für das ganze

Theologisches Postscript

Volk, als dass das ganze Volk verderbe" (Joh 11,50). Und Paulus begründet seine praktisch-ethischen Anweisungen, die aus der Gnade Gottes erwachsen, utilitaristisch: „Ich will, dass du auf diesen Dingen fest bestehst, damit die, die zum Glauben an Gott gekommen sind, darauf bedacht sind, sich um gute Werke zu bemühen, denn das ist gut und nützlich für die Menschen" (Tit 3,8).

3. Nachfolge, Heiligung und ein Gott wohlgefälliger Wandel bedeuten Charakter- bzw. Tugendentwicklung, sodass man aus dem Leben im Geist heraus das Gute tut (siehe z. B. die Botschaft Jesu in Mt 5–7 oder das Leben im Geist und seine Früchte in Gal 5,22-23).

Es wäre deshalb eine unzulässige Verengung, sich als Christ auf nur einen einzigen ethischen Ansatz zu beschränken. Das Leben ist zu komplex, um nur aus einem Ansatz heraus ethische Entscheidungen zu treffen. Letztlich müssen wir immer alle drei Fragen berücksichtigen: Was fordert das moralische Gebot? Wie sind die Konsequenzen einer Handlung? Und was würde ein guter Mensch in diesem Fall tun, oder anders ausgedrückt: Was würde Jesus tun?

Alle drei Fragen sind wichtig. Dieses Buch über Tugendethik wurde auch deshalb geschrieben, weil viele Bücher über Ethik oft nur die Ansätze der Pflichtenethik und/oder der Nutzenethik berücksichtigen. Die Tugendethik hat erst in den letzten Jahrzehnten eine Renaissance erlebt (Hursthouse :1, Halbig :281). Entscheidenden Anteil an der Wiederentdeckung der Tugendethik hatten die britische Philosophin Elisabeth Anscombe mit ihrem Aufsatz *Modern Moral Philosophy*, der 1958 erschien[3], und der schottisch-amerikanische Philosoph Alasdair MacIntyre mit seinem erstmalig 1981 erschienenen Buch *After Virtue* (deutsch: Der Verlust der Tugend).

Wir meinen nicht, dass der tugendethische Ansatz besser sei als die beiden anderen Ansätze, sind aber der Überzeugung, dass die Tugendethik unverzichtbar ist, weil sie nicht nur einen besonderen Charme hat (siehe Einleitung), sondern der christlichen Botschaft vom Evangelium der Gnade und des Guten noch einmal eine besondere Bedeutung für die konkrete Lebensgestaltung gibt.

Man kann – wenn man sich mit den Tugenden in unterschiedlichen philosophischen und theologischen Kontexten beschäftigt – verschiedene Kategorien von Tugendbegriffen unterscheiden. Alasdair MacIntyre (:249) differenziert „drei grundverschiedene Tugendbegriffe: ... eine Tugend ist eine Eigenschaft, die den Einzelnen in die Lage versetzt, seine soziale Rolle zu erfüllen (Homer); eine Tugend ist eine Eigenschaft, die den Einzelnen in die Lage versetzt, sich auf das Erreichen des spezifisch menschlichen Telos zuzubewegen, gleichgültig, ob es natürlich oder übernatürlich ist (Aristoteles, Neues Testament und Thomas von Aquin); eine Tugend ist eine Eigenschaft, die nützlich dafür ist, irdischen und himmlischen Erfolg zu erlangen (Franklin)."

Diese Unterscheidungen können helfen, verschiedene Aspekte der Tugenden zu erkennen, die im jeweiligen Verständnis implizit oft leitend sind. Aus heutiger Sicht müssen diese Kategorien nicht absolut verstanden werden. So hat Homer durchaus einen guten Aspekt herausgestellt, dass eine Tugend den Tugendhaften befähigt, eine soziale Rolle zu erfüllen, er deckt aber gleichwohl nicht alle Aspekte mit ab. Auch die zweite Kategorie, die MacIntyre formuliert, ist nach christlichem Verständnis durchaus zu bejahen. Tugenden führen zu einem Ziel, wie und wo immer man es auch verortet, im natürlichen wie im übernatürlichen Bereich. Ob man aber durch eine angewandte Tugend – wie in der dritten Kategorie – auch Erfolg erlangt, ist freilich eine Sache der persönlichen und weltanschaulichen Einschätzung. In gewisser Weise kann man Aspekte aller drei Kategorien auch im Neuen Testament finden.

Aristoteles und Jesus

Im Vergleich mit der philosophischen Ethik des Aristoteles, der als Typus der griechisch-philosophischen und humanistischen Ethik schlechthin gilt, erweist sich die Tugendlehre des Evangeliums von Jesus Christus – bei großen formalen Übereinstimmungen – jedoch als

Theologisches Postscript

ein grundlegend anderes ethisches Konzept als das aristotelische. Das liegt nicht nur an der christlichen Tugend der Demut, die für Aristoteles eine Untugend ist, sondern an dem völlig anderen Ausgangspunkt für Tugenden im Neuen Testament.[4] Im Evangelium geht es, wie bei Aristoteles auch, um das Gute. Aber mehr noch: Es geht um den Guten. Jesus macht klar, dass es letztlich keinen Guten und kein Gutes gibt außer Gott (Mk 10,17ff., par).[5] Alles Gute kommt von ihm. Der größte Unterschied zur aristotelischen Ethik liegt darin, dass nach dem Evangelium das Gute letztlich kein zu erreichendes Ziel des Tuns, sondern eine aus Gnaden geschenkte Voraussetzung zum Tun des Guten ist. Das Gute wird im Neuen Testament nicht erstrebt, sondern empfangen. Es wird dem Menschen nicht einfach auferlegt zu tun, sondern angeboten. Die Einsicht, aus eigener Kraft das Gute letztlich nicht tun zu können (Röm 7), ist die Voraussetzung dafür, das Gute erst aus der Erlösungstat und dem Geist Christi heraus tun zu können. „Was dem Gesetz unmöglich war, weil es durch das Fleisch geschwächt war, das tat Gott: Er sandte seinen Sohn in der Gestalt des sündigen Fleisches und um der Sünde willen und verdammte die Sünde im Fleisch" (Röm 8,3, LUT). Diese Einsicht in die Begrenztheit der eigenen Fähigkeiten wird im Neuen Testament als Voraussetzung zum Tun des Guten bezeugt. Es ist das, was Jesus auch mit *Umkehr* oder *Sinnesänderung* (griechisch: *metanoia*) bezeichnet. Tugenden sind nicht der Weg *zum* Guten, sondern der Weg *des* Guten. Erst wer im Licht des Evangeliums seine Ohnmacht erkannt hat, aus eigener Kraft vor Gott und Menschen richtig sein oder das Gute tun zu können, erhält die Gnade und Macht Christi, das Gute zu tun. Die Antwort Jesu an den hilflos bittenden Paulus, „Meine Gnade genügt dir. Denn meine Kraft wird in der Schwachheit wirksam" (2Kor 12,9), ist das überraschende Paradox, das einem Menschen widerfährt, der auf der Suche nach dem guten Handeln den Guten erkennt und im Glauben annimmt.

Das Evangelium ist die Verneinung und Überwindung aller religiös-gesetzlichen und aristotelisch-humanistischen Möglichkeitstheorien.

> Tugenden sind nicht der Weg *zum* Guten, sondern der Weg *des* Guten.

Lust auf gutes Leben

Aristoteles und Christus unterscheiden sich – auch wenn sie beide das Gute wollen – wie Areopag und Golgatha. Die natürliche Ermöglichungsphilosophie der Tugendethik Aristoteles' und die Lehre Jesu von Nazareth unterscheiden sich fundamental durch das „Wort vom Kreuz" (1Kor 1,18). Es ist das Kriterium, das „den Juden ein Ärgernis und den Griechen eine Torheit" ist, „den Berufenen selbst aber, Juden wie Griechen, Christus, Gottes Kraft und Weisheit" (1Kor 1,23f.). Das Wort vom Kreuz durchkreuzt die Idee des natürlichen Menschen, von sich aus das Gute tun zu können, um damit das Ziel, richtig bzw. gerecht bzw. gut vor Gott zu sein, oder das Glück zu erreichen.

Bei Aristoteles werden die Tugenden als der Weg zum Guten verstanden, der zum Ziel führt. Es gibt nach seiner Auffassung „für die verschiedenen Formen des Handelns ein Endziel, das wir um seiner selbst willen erstreben" (*NE* I,1). Es ist „dieses Endziel ‚das Gut', und zwar das oberste Gut" (*NE* I,1). Der Weg dahin sind die Tugenden, durch die man das Glück erlangt, „wobei gutes Leben und gutes Handeln in eins gesetzt werden mit Glücklichsein" (*NE* I,2). „Wenn es also für alle erdenklichen Handlungen ein einziges Ziel gibt, so ist dies das Gut, das der Mensch durch sein Handeln erreichen kann" (*NE* I,5). Vereinfacht gesagt: Jeder ist seines eigenen Glückes Schmied. Der Mensch kann durch sein eigenes Handeln sein Endziel, das Glück, erreichen. Es ist beeindruckend, wie konsequent Aristoteles den Weg zum Ziel, zum Glück, mit Tugenden markiert, die zu tun sind. Und es ist beeindruckend zu sehen, wie viele Menschen – entgegen der hedonistischen Grundtendenz heute – wieder bereit werden, diesen Weg der Tugenden zu gehen, um zum Glück zu gelangen.

Noch beeindruckender ist für uns jedoch das Evangelium, das ebenfalls vom Glück spricht und vom Weg, es zu erreichen. Für Jesus ist es das Glück der „geistlich Armen" bzw. der – so wörtlich – „Bettelarmen im Geist" (Mt 5,3). Jesus preist diejenigen glücklich, die sich im Bewusstsein ihrer Armut und Ohnmacht an den wenden, der ihnen das zu geben vermag, was sie sich selbst nicht geben können: Glück. Und er selbst weiß sich als „der Weg und die Wahrheit und das Leben", ohne den niemand zu Gott, dem Vater – und damit zum Glück – kommen kann (Joh 14,6). Glück ist nach dem Zeugnis der gesamten Bibel die Zuwendung und Rechtfertigung Gottes, die er den Bedürftigen, die sich im Vertrauen an ihn wenden, aus Gnaden schenkt. Und Glück besteht in der dankbaren Motivation, aus dieser Begnadigung heraus nun ihrerseits das Gute zu tun und dabei glücklich zu werden.

Die Motivation, Tugenden zu leben

Damit ist die entscheidende Frage nach der Motivation berührt: Warum sollte man überhaupt tugendhaft leben? Aristoteles beantwortet sie mit dem Ziel des Glücks, das auf dem Weg der Tugenden letztlich zu erstreben und zu erreichen ist. Christen beantworten sie umgekehrt mit dem Glück, das ihnen in Christus zuteilgeworden ist und das sie nun befähigt und verpflichtet, um Christi und der Menschen willen das Gute zu tun. Insofern ist es für Begnadigte eine Lust, Tugenden zu wollen und zu leben. Hier liegt das Geheimnis echten tugendhaften Lebens. Es ist keine saure moralische Pflicht, sondern letztlich dankbare Lust, Tugendlust.

Diese Aussage steht nicht im Widerspruch zu der, dass tugendhaftes Leben für Christen keine Option, sondern dankbare Pflicht und Auftrag ist. Letztere erwachsen aus der neuen doppelten Sicht auf Gott und auf die Menschen. Als sein auserwähltes Volk, schreibt Petrus den Christen in der Diaspora, sind sie berufen, „damit ihr die Tugenden[6] dessen verkündigt, der euch aus der Finsternis zu seinem wunderbaren Licht berufen hat." (1Petr 2,9) Dies Verkünden geschieht als ganzheitliche Existenz in Wort und Tat. Christen sollen, dürfen und können die Tugenden, die Gott darreicht, wirklich und wirksam leben. Sie sollen das Gute tun. Dass sie daran oft scheitern, ist ein weithin bekanntes und beklagtes Phänomen. Über Gründe lässt sich spekulieren. Naheliegend scheint der Mangel an Kenntnis der Gnade zu sein. Wer die Gnade Gottes nicht kennt, wer nicht Gottes voraussetzungslose Annahme der Menschen und das Geschenk seiner Vergebung erfahren hat und dadurch fähig wird, das Gute zu tun, der versucht es aus eigener Kraft und scheitert. Eins der ergreifendsten Zeugnisse eines Menschen, der aus eigener Kraft das Gute tun will und daran scheitert, gibt Paulus in Römer 7,18b.19 (LUT): „Wollen habe ich wohl, aber das Gute vollbringen kann ich nicht. Denn das Gute, das ich will, das tue ich nicht; sondern das Böse, das ich nicht will, das tue ich." Die Ehrlichkeit und Radikalität dieser Aussage ist beeindruckend. Das Leiden an dem Verfehlen des Guten treibt ihn letztlich zu Christus, der ihn erlöst und befähigt, das Gute zu tun. Es ist diese Gnade, die Menschen nicht nur rettet, sondern befähigt, das Gute zu tun, die den Kern der christlichen Tugendlehre ausmacht und die bei Aristoteles völlig fehlt.

So argumentiert Petrus in Übereinstimmung mit der Botschaft des gesamten Neuen Testaments:

Alles, was zum Leben und zur Frömmigkeit (Tugendhaftigkeit) dient, hat uns seine göttliche Kraft geschenkt durch die Erkenntnis dessen, der uns berufen hat durch seine Herrlichkeit und Kraft. Durch sie sind uns die teuren und allergrößten Verheißungen geschenkt, damit ihr dadurch Anteil bekommt an der göttlichen Natur ... So wendet alle Mühe daran und erweist in eurem Glauben Tugend und in der Tugend Erkenntnis und in der Erkenntnis Mäßigkeit und in der Mäßigkeit Geduld und in der Geduld Frömmigkeit und in der Frömmigkeit brüderliche Liebe und in der brüderlichen Liebe die Liebe zu allen Menschen. (2Petr 1,3-7 LUT)

Horst Afflerbach & Volker Kessler

Anmerkungen

1. Nach biblischem Verständnis wird der Begriff *ethnä* (griech. – Nationen, von Luther mit Heiden übersetzt) in Abgrenzung zu den Juden als Gottes erwähltem Volk gebraucht, die das Gesetz haben und den Willen Gottes kennen.
2. So schreibt die Neuseeländerin Hursthouse (:1) im ersten Satz ihres Buches On Virtue Ethics: „‚Virtue ethics' is a term of art, initially introduced to distinguish an approach in normative ethics which emphasizes the virtues, or moral character, in contrast to an approach which emphasizes duties or rules (deontology) or one which emphasizes the consequences of actions (utilitarianism)." Analog siehe Kretzschmar, Bentley & Niekerk (:94-95) sowie Nullens, der noch einen vierten Weg vorstellt: Werteethik. Der Gießener Philosophieprofessor Halbig greift diese angelsächsische Diskussion auf (:10f.), begründet aber dann seine Auffassung, warum die Tugendethik kein eigenständiger dritter Weg in der normativen Ethik sein kann (:350f.).
3. Ansombe äußert ihre Unzufriedenheit mit der modernen Moralphilosophie und stellt gleich zu Anfang den Kontrast zu Aristoteles fest: „Anyone who read Aristotle's Ethics and has also read modern moral philosophy must have been struck by the great contrast between them."
4. So auch MayIntyre (:247): „Aristoteles hätte Jesus Christus ganz bestimmt nicht bewundert und wäre von Paulus entsetzt gewesen."
5. Martin Luther weist in seinem Großen Katechismus darauf hin, dass „Gut" und „Gott" im Deutschen dieselbe Wurzel haben und inhaltlich untrennbar zusammen gehören.
6. Der griech. Begriff *aretä* kann sowohl mit Wohltat als auch mit Tugend übersetzt werden.

Literatur zur Tugendethik und anderen Ansätzen in der Ethik

Afflerbach, Horst 2003. *Handbuch Christliche Ethik*. TVG. 2. Aufl. Wuppertal: R. Brockhaus.
Anscombe, Gertrude Elisabeth Margaret 1958. Modern Moral Philosophy. In *Philosophy* vol. 33, no. 124.

Aristoteles. *Nikomachische Ethik* (NE). Berlin: Bekker. Die Aussagen in diesem Buch werden nach den Zahlen seiner ursprünglichen Aufteilung zitiert (NE Buch I,1 – X,10). Im wissenschaftlichen Kontext wird jeder Aristoteles-Text nach der Berliner Akademie-Ausgabe von 1831 (Immanuel Bekker) zitiert.

Foot, Philippa 1978. *Virtues and Vices.* Oxford: Blackwell. (Auszug in deutsch in Rippe & Schaber 1998:69-91).

Halbig, Christoph 2003. *Der Begriff der Tugend und die Grenzen der Tugendethik.* Berlin: Suhrkamp.

Höffe, Otfried 2007. *Lebenskunst und Moral. Oder macht Tugend glücklich.* München: C. H. Beck.

Horn, Friedrich Wilhelm 2013. Paulus und die Kardinaltugenden. In Klumbies, P. G. & du Toit, D. S. *Paulus – Werk und Wirkung. Festschrift für Andreas Lindemann zum 70. Geburtstag.* Tübingen: Mohr Siebeck, S. 351-369.

Hursthouse, Rosalind 2010. *On Virtue Ethics.* Oxford: Oxford University Press.

Kretzschmar, Louise; Bentley, Wessel & van Niekerk, André 2009. *What is a good life? An Introduction to Christian Ethics in 21st Century Africa.* Edleen, Kempton Park: AcadSA.

MacIntyre, Alasdair 1995. *Der Verlust der Tugend. Zur moralischen Krise der Gegenwart.* Frankfurt, New York: Suhrkamp. (Englische Erstausgabe 1981 *After Virtue. A Study in Moral Theory.* London: Gerald Duckworth.).

Mayordomo, Moises 2008. Möglichkeiten und Grenzen einer neutestamentlichen orientierten Tugendethik. In: *Theologische Zeitschrift* Jahrgang 64, Heft 3, S. 213-255.

Nullens, Patrick & Michener, Ronald T. 2010. *The Matrix of Christian Ethics. Integrating Philosophy and Moral Theology in a Postmodern Context.* Colorado Springs: Paternoster Press.

Rippe, Klaus Peter & Schaber, Peter (Hrsg.) 1998. *Tugendethik.* Stuttgart: Philipp Reclam jun.

Slote, Michael 1992. *From Morality to Virtue.* New York, Oxford: Oxford University Press.

Thomas von Aquin. *Summa theologica.* Graz: Styria 1933ff.

Wright, Nicholas Thomas 2011. *Glaube – und was dann? Von der Transformation des Charakters.* Marburg: Francke.

Martina Kessler/Michael Hübner

Von Kritik lernen ohne verletzt zu sein

112 Seiten, Paperback,
ISBN 978-3-7655-2019-8

Bei „Kritik" denkt (fast) jeder zuerst an negative Kritik, und (fast) niemand steckt sie gerne ein. Es gibt aber auch konstruktive, berechtigte Kritik, die man sich zu Herzen nehmen sollte, die machmal nur nur schlecht verpackt wird. Und es gibt neurotische, unsachgemäße Kritik, von der man sich abgrenzen muss. Die Autoren zeigen, wie man beides voneinander unterscheiden kann – und wie gerade der Blick von Außen helfen kann, sich selbst realistischer zu sehen und sich weiterzuentwickeln. Ein Buch für alle, die ihre Kompetenz im Kritik-Einstecken ausbauen wollen.

„Kritik kann schmerzhaft sein, lässt einen sich erst einmal unwohl fühlen und oft fällt es schwer, den Kritikübenden davon losgelöst zu sehen. Aber sie hilft, uns weiter zu entwickeln und konstruktiv voranzukommen. Danke Martina Kessler und Michael Hübner für den genaueren und sehr nützlichen Blick hinter diese herausfordernde Form der Kommunikation."

Christoph Waffenschmidt, Vorstandsvorsitzender World Vision Deutschland e.V.

BRUNNEN VERLAG GIESSEN
www.brunnen-verlag.de

Volker Kessler

Vier Führungsprinzipien der Bibel

Dienst, Macht, Verantwortung
und Vergebung

96 Seiten, gebunden,
ISBN 978-3-7655-1193-6

„Als Christ soll ich lieben und vergeben –
wie passt dies zu meiner Führungsaufgabe?"
„Wie gehe ich mit dieser Verantwortung um?"
„Darf ich überhaupt Macht einsetzen?"

Wer andere Menschen führt, wird sich immer wieder diese und ähnliche Fragen stellen. Volker Kessler rät, sich dabei am wichtigsten Gebot zu orientieren: Gott von ganzem Herzen und mit ganzer Hingabe zu lieben, und seinen Mitmenschen wie sich selbst.
 Er enfaltet daher in diesem kleinen Kompendium das Wesen christlicher Führung in vier Facetten: Dienst, Macht, Verantwortung und Vergebung. Dabei geht es mehr um die innere Einstellung als um Handlungsanweisungen, denn wenn die innere Haltung nicht passt, nützen alle Tipps der Managementliteratur nichts.

BRUNNEN VERLAG GIESSEN
www.brunnen-verlag.de

Timothy Keller/Katherine Leary Alsdorf

Berufung

Eine neue Sicht für unsere Arbeit

288 Seiten, gebunden,
ISBN 978-3-7655-1682-5

Ist der Beruf nur „Job" zum Broterwerb, in dem man sich anständig verhalten und, sofern Christ, möglichst Zeugnis von seinem Glauben ablegen sollte? Oder ist alle Arbeit, ob mit den Händen oder dem Kopf, ein Zeichen unserer Menschenwürde – weil sie das Bild Gottes, des Schöpfers, in uns spiegelt?

Tim Keller wendet in seiner unnachahmlichen Art biblische Weisheit auf unser Leben an und zeigt, wie mit Integrität, Disziplin, Kreativität und Leidenschaft am Arbeitsplatz unsere Arbeit zur Anbetung Gottes werden kann.

Auf Fragen wie: „Warum tue ich diese Arbeit?", „Warum fällt mir meine Arbeit so schwer?", „Was könnte ich in meinem Berufsleben ändern, damit ich zufriedener wäre?", „Wie kann ich im Berufsleben zu meinen Werten stehen?" werden wir dann ganz neue Antworten finden.

Ein Buch für alle, die ihren Beruf als Gottesdienst verstehen – oder dahin kommen möchten.

BRUNNEN VERLAG GIESSEN
www.brunnen-verlag.de